sorularla

kaderin şifreleri

PROF. DR. MURAT SARICIK

sorularla
kaderin şifreleri

PROF. DR. MURAT SARICIK

Yayın Yönetmeni: *Dr. Veli Sırım*
Editör: *Sırrı Bedir*
Mizanpaj: *Said Demirtaş*
Kapak: *Kenan Bıyıklı*
Üretim: *Ali Osman Macit*
ISBN: *978-975-269-702-7*
Baskı: *Ekim 2011*
Baskı-Cilt: *Nesil Matbaacılık*
Beymer San. Sit. 2. Cad. No: 23
Yakuplu - Beylikdüzü / İstanbul
Tel: (0212) 876 38 68 pbx

NESİL YAYINLARI
Sanayi Cd. Bilge Sk. No: 2 Yenibosna
34196 Bahçelievler / İstanbul
Tel: (0212) 551 32 25 pbx
Faks: (0212) 551 26 59

İnternet: www.nesilyayinlari.com
e-posta: nesil@nesilyayinlari.com

NESİL

sorularla

kaderin şifreleri

PROF. DR. MURAT SARICIK

NESİL

01.10.1956'da Antalya'nın Korkuteli ilçesine bağlı Küçükköy'de doğdu. İlkokulu köyünde okudu, 1975 yılında Antalya İmam-Hatip Okulu'ndan mezun oldu. 1980'de Erzurum Atatürk Üniversitesi içinde yer alan beş yıllık İslâmi İlimler Fakültesi'ni bitirdi. 1981 Mart'ında Erzurum Yüksek İslâm Enstitüsü'nde asistan olarak göreve başladı.

1983'te, Atatürk Üniversitesi İlahiyat Fakültesi bünyesine katıldı ve "İslâm Kurumları Tarihi" Öğretim Görevlisi oldu. 1984'te aynı Üniversiteye bağlı Sosyal Bilimler Enstitüsü'nde doktora öğrenciliğine başladı. 22.06.1989'da "Osmanlı İmparatorluğu'nda Nakîbü'l- Eşrâflık Müessesesi" adlı tezini vererek doktor unvanını aldı. 06.10.1992 tarihinde, İslâm Tarihi Bilim Dalında doçent oldu. 30.09.1993'te SDÜ İlahiyat Fakültesi İslâm Tarihi ve Sanatları Bölümü'ne doçent olarak atandı ve bölüm başkanlığına getirildi. 01.11.2005'te İslam Tarihi Profesörü olarak atandı. Halen aynı fakültede Öğretim üyesi olarak görevini sürdürmektedir.

Lisans ve yüksek lisansta girdiği dersler:

İlk Dönem İslam Tarihi I-II, İslâm Tarihi I-II, İslam'ın Yayılış Tarihi I-II, İslam Tarihi Metinleri I-II, İslam Öncesi Arap Tarihi ve Kültürü I-II, İslam Tarihi ve Medeniyeti I-II, Osmanlı Kültür Tarihi I-II, Arapça Tarihi Metinler I-II (Klasik-Modern), Cahiliye ve Osmanlıca Tarihi Metinler I-II.

Murat Sarıcık; Arapça, Almanca ve Farsça bilir. Evli ve dört çocuk babasıdır.

PROF. DR. MURAT SARICIK

e-posta:saricik@sdu.edu.tr

YAYIMLANMIŞ ESERLERİ

- Kavram ve Misyon olarak Ehl-i Beyt
- Örnek Nesil İçin Sahabe Modeli
- İnanç ve Zihniyet Olarak Cahiliye
- Hulafâ-yı Râşidîn Döneminden İlginç Problemler
- Dört Halife ve Emeviler Döneminden İlginç Problemler
- Batılı Kölelik Anlayışı Karşısında, Osmanlı'da Kölelik, Câriyelik ve Harem
- İslam Öncesi Dönem - Cahiliye Kültürü
- Dört Halife Dönemi, I-II
- Ali Fahreddin-i Sağir'den Günümüze Küçükköy Beldesinin Tarihi
- Osmanlı İmparatorluğunda Nakîbü'l-Eşrâflık Müessesesi
- Kendi Dilinden Peygamberimiz-1/2
- Canan'ın Can Dostu Hz. Ebu Bekir (r.a.)
- Hz. Muhammed'in (a.s.m.) Çağrısı-Mekke Dönemi
- Hz. Muhammed'in (a.s.m.) Çağrısı-Medine Dönemi
- Sorularla Kaderin Şifreleri
- Adalet Timsali Hz. Ömer (r.a.)
- Hayâ Timsali Hz. Osman (r.a.)
- İlim Şehrinin Kapısı Hz. Ali (r.a.)
- Deccal ve Deccaliyet

İçindekiler

Önsöz

Bir gün Cihat adında bir dostum yanıma geldi. Üniversiteyi bitirmiş temiz bir gençti. Sohbet sırasında ikiye katladığı bir kâğıdı bana uzattı ve şöyle dedi:

"Hocam bu kâğıtta kaderle ilgili sorular var. Bunları orta, lise ve üniversite öğrencilerinin anlayabileceği şekilde ve örneklerle açıklayabilir misiniz?"

Gülümseyerek benden bir istekte bulunuyordu. Kâğıda baktım. Otuz kadar soru vardı. Sorulara tek tek göz attım. Bunlar zaman zaman karşılaştığımız sorulardı. Bu gence ne diyebilirdim? Sorumluluk duygusu beni durumu kabullenmeye sürükledi: *"Olur inşallah"* dedim.

Sorulardan bazıları şöyleydi:

"Kader nedir?"

"İrade ve cüz-i ihtiyarî ne demektir?"

"'İlim maluma tabidir' ne anlama gelir?"

"Cenab-ı Hak Cennetlik veya Cehennemlik olduğumuzu biliyorsa, iyiliklere gayret sarf etmemize ne gerek var?"

"Allah ne yapacağımızı biliyorsa ve kaderde yazmışsa ne suçumuz var?"

"Biz kader önünde, rüzgâr önünde uçan yaprak gibi miyiz?"

"Yapacaklarımızı Allah'ın bilmesi ve kaderde yazması bizi zorluyor ve yönlendiriyor mu?"

"İlm-i Ezelî nedir?"

"Tercih bilâ müreccih ne demektir?"

"Kader iradeyi engellemez mi?"

"Gelecekte olacaklar bilinebilir mi?"

"Allah Cehennemlik olduğumuzu biliyorsa bizi niye deniyor?"

"Kalbim mühürlenmişse ne suçum var?"

Sorular devam edip gidiyordu...

Bu çalışmayı iki bölüm olarak düşündük. Birinci bölümde, kaderle ilgili soruları temsiller ve örnekler ışığında cevaplamaya çalıştık. İkinci bölümde ise kader konusunda Hz. Peygamber'e (a.s.m.) sorulan soruları araştırdık ve bunlara verilen cevapları analiz etmek istedik. Asr-ı Saadet'te de kader konusu akılları meşgul ettiğini, zaman zaman bu konuda Rasulullah'a sorular geldiğini örnekleriyle gördük.

Konuyu ele alırken kader konusunda ayrıntılara girmedik. Farklı mezheplerin görüşleriyle okuyucunun kafasını karıştırmak istemedik. Daha çok ana kaynaklardan faydalandık ve konuları yorumlarla zenginleştirmeye çalıştık. Okuyucunun durumunu nazara alarak, meramımızı kısa cümlelerle, sade ve hikâye edici bir üslupla anlatmayı denedik.

Prof. Dr. Murat Sarıcık

Isparta, 2009

Giriş

Kader, ölçme, takdir, plan, program, baht ve şans gibi manalara gelir. Kader, olmuş olacak her şeyin ezelde bilinip Levh-i Mahfuz'da yazılması ve takdir edilmesidir. Ezelde takdir edilenlerin zamanı gelince gerçekleşmesi de *"kaza"* olarak anılır.

Kader meselesi İslam öncesi dinlerde tartışıla geldiği gibi, İslam geldikten sonra da hep tartışılmıştır.

Kur'an-ı Kerim'de açıkça *"kader"* kelimesinden söz eden bir ayet olduğu gibi, kaderi, Allah ve kulun iradesini konu alan, her şeyin Allah tarafından bilindiğini anlatan ayetler de vardır.

Kader konusunda en çok akılları karıştıran hususlardan birisi İlm-i Ezelîdir. Bir olayın gerçekleşmesi ezelde daha önceden belli iken, insan hür iradesiyle ve Allah tarafından zorlanmadan onu nasıl yapmaktadır? Bu durumda insan iradesi güdümlü ve baskı altında değil midir? Aslında *"ilim malûma tabidir"* prensibinin anlaşılmasıyla bu problem çözülmüş olacak, kaderin iradeyi engellemediği, ona zıt ve münafi olmadığı ortaya çıkacaktır.

İnsan aklı ayrıca, gelecekte olacakların Allah tarafından bilinip bilinemeyeceği konusuna da takılmış, kafaları bu konu ile ilgili sorular da meşgul edip durmuştur. Mesela: *"gelecekte insanların iyi veya kötü yola gideceğini biliyorsa, Allah neden insanları denemektedir?"*

Veya insan şöyle sorar:

"Cennet veya Cehenneme gideceğimiz biliniyorsa, neden dünyaya getirildik, iyilik ve ibadet etmekle emredildik?"

Sahabelerden de Rasulullah'a şunu soranlar olmuştu:

"Cennet veya Cehenneme gidecekler belliyse ameli, iyi şeyleri niye yapıyoruz?"

İnsanların tevekkül konusunda da problemleri olagelmiş, çoğu zaman tevekkül de yanlış anlaşılmıştır. Tevekkülü tembellik, boş vermişlik, tedbir ve önlem almamak gibi anlayanların varlığını sahabe döneminden beri bilmekteyiz.

Kader konuları içinde yer alan *"kalbin mühürlenmesi meselesi"* de akılları meşgul eden problemlerden birisidir. Bu konuda kafası karışık olan insan *"kalbim mühürlenmişse benim suçum ne?"* veya *"kalbin mühürlenmesi ne demektir, kalp neden ve nasıl mühürlenir?"* diye sorabilmektedir. Bu gibi soruların cevapları da hep merak konusu olmuştur.

"Iztırarî kader" ve *"sadakanın ömrü uzatması"* da gündemden düşmeyen bahisler içindedir.

Kader konusunda günümüzde karşılaşılan sorulardan bazıları ecel ve intiharla ilgilidir. Söz gelişi şöyle sorulmaktadır:

"İntihar eden ve ya öldürülen eceliyle mi ölür?"

Şer problemi de sorular içinde yer alır:

"Şerleri ve kötülükleri Allah yaratır mı, şerri yaratmak şer değil midir?"

Günah işlemeyi düşünmek ve bunun günah olup olmadığı merak edilmektedir. Diğer yandan gayr-i iradî, yani iradeyi dinlemeyen bazı kötü düşünceler, tasavvurlar ve hayaller konusu hassas insanları meşgul etmektedir.

Kadere rızadan ve ona teslim olmaktan anlaşılması gereken nedir?

Bu konu da sorularla kaderde cevap arayan bir meseledir.

Kader konusunda karşımıza çıkan problemlerden bir diğeri, suçun kadere veya şeytana atılmak istenmesidir. Kaderi suçlamak aslında, İlahî takdiri tespit eden Cenab-ı Hakk'ı suçlamaya gider.

Diğer yandan *"şeytan insanları kötülüğe yönlendiriyorsa suçlu o değil midir?"* itirazı da dile getirilir.

Bazı insanlar da kader konusunu anlayamadıklarını ve bu yüzden onu inkâra yönelmek istediklerini söylerler.

Sürekli kaderden şikâyet edenler de vardır. Onlar, bir nevi Allah'tan alacaklı olduklarını var sayarak veya böyle şartlanarak *"niye daha yakışıklı yaratılmadım, boyum niye uzun değil, neden daha zengin değilim?..."* gibi sorular sorarlar.

Araştırmalarımızda tespit edebildiğimiz kadarıyla Hz. Peygamber kader konusunda sahabeler tarafından sorulan sorulara kısa ve öz cevaplar vermiştir. Bu durum bizi –küçük çaplı da olsa– böyle bir çalışma içine girmeye yüreklendirmiştir.

birinci bölüm

Kadere Dair Sorular

1. Kader Nedir?

Kader: Kelime olarak, takdir, ölçme, tahmin, plân, program, talih, baht ve şans manalarına gelir.

İslâm terminolojisinde kader; Cenab-ı Hak tarafından olmuş, olacak her şeyin ezelde bilinip, Levh-i Mahfuz'da yazılması ve takdir edilmesidir. Buna Takdir-i İlahî, Kısmet-i Ezelî de denir.[1]

Yüce Allah İlm-i Ezelîsi ile olmuş, olacak her şeyin vasıflarını, özelliklerini, nerede ve ne zaman olacağını bilir ve bunları Levh-i Mahfuz'da yazmıştır. Yazılanlar, yeri ve zamanı gelince gerçekleşir ve buna da kaza denir.

2. Cüz-i İhtiyarî Nedir?

Cüz-i İhtiyari: İnsanın istediği gibi hareket edebilmesi, bir şeyi yapma veya yapmama serbestliği, iki veya daha çok şeyden birini tercih veya seçme özgürlüğü, insanın hür iradesi anlamlarına gelir.

Cüz, kısım ve parça anlamına gelir; ihtiyar, seçme, seçme iradesi demektir.

---

[1] Koçar, s. 243, 245; Keskin, s. 67 vd.

Baskı ve zorlama, iradenin özgür ve serbestçe kullanımını engeller. İnsanın dilediği gibi hareket etmesine mani olur. Bu açıdan iradenin kullanılmasında baskı ve zorlama olmamalıdır. Allah, hür ve serbest iradeyi insana vermiş ve onu böylece imtihana çekmek ve sınamak istemiştir. İnsana zorla ve ölüm tehdidi ile bir şeyi yaptırmak *"ikrah"* olarak adlandırılır. İnsan böyle bir durumda yaptıklarından mesul ve sorumlu değildir.

Asr-ı Saadette Ammar b. Yasir'e işkence yapılmış, öldürülmek istenmişti. Ammar durumu Rasulullah'a anlatınca o kendisine şunu tavsiye etti:

"Seni kâfirler bir daha tutar da, sana 'şunu bunu söyle' derler ve işkencelerine devam ederlerse, onlara senden istediklerini söyle, işkencelerinden kurtul."

Ammar, zorlama ve işkenceden dolayı dinden döndüğünü söylemiş ve işkenceden kurtulmuştu.[2] O serbest ve hür iradeden mahrum olduğu için yaptıklarından sorumlu değildi.

Bu konuda inen Nahl Suresi 106. ayeti de buna ruhsat vermektedir.

3. "İlim Maluma Tabidir" Ne Demektir?

İlim: Okumakla, araştırmakla, görmekle, dinlemekle bir şeyin ve olayın gerçeğini, hakikatini bilmektir. Zandan/sanıdan farklıdır. Zan, kesinliği olmayan kanaat, tercih, inanç ve düşüncedir.[3]

Malum ve İlmin Maluma Tabi Olması: Malum, bilinen şey ve ilime konu olan objedir. Malum içine bilime konu olan her şey girer.

Bu konuda vereceğimiz şu örnekler konunun anlaşılmasına yardımcı olur:

---

[2] İbn-i Hişam, I, 342 vd. Taftazani, *Şerhu'l-Makasıd,* IV, 226, 230, 249-251, 262, 264; Nesefi, *Metnu Hakâiki'l-Akâid,* s. 3.Sarıcık, *Çağrı,* s. 124-125; Sabuni, II, 450, Koçar, s. 245; Mutlu, s. 9.

[3] Taftazani, *Şerhu'l-Akâid,* s. 164; Taftazani, *Şerhu'l-Makasıd,* IV, 231-232; Sarıcık, *Cahiliye,* s. 17; Mutlu, s. 52 vd.

Antalya-Isparta karayolu vardır ve belli bir uzunluktadır. Bu *"malum"*dur. Biz bu yolun varlığını, 120 km uzunlukta olduğunu biliriz. Buna da *"ilim"* denir. Burada bizim bilgimiz/ilmimiz maluma (ilme konu olan şeye) tabidir, ona uyar ve uyduğu için ilimdir. Bu yol 120 km olduğu için biz onu 120 km olarak biliriz. Biz 120 km dediğimiz için yol 120 km değildir. 150 km desek yol 150 km olmaz.

Malum eğer ilme tabi olsa ve uysaydı, biz *"bu yol 150 km.dir"* deyince yol 150 km olurdu.

İlim adamları bir dağın yüksekliğini araştırıp, hesap ederler ve *"Bu dağ 1500 metre yüksekliğinde"* derler. Burada *"malum"* (bilginin konusu) dağdır. Maluma uygun olarak dağın yüksekliğinin hesap edilip, ölçülmesi ilim/bilgidir. Dikkat edilirse ilim maluma tabidir, bilgi bilinene uyar. Malumun hakikatine/gerçeğine uygundur.

Cebimizde eğer 50 liramız varsa, biz maluma, cepteki paraya tabi olarak, orada 50 lira olduğunu biliriz ve bu ilim olur. Bilgimiz cebimizdeki paraya (maluma) uyarsa, ilim/bilgi olmuş olur. Yani ilim maluma uyar. Cebimizde 50 lira varken, *"100 lira var"* desek, para yüz lira olmaz. Böyle olsaydı malum (para) ilme tabi olurdu.

Yeraltında, bir bölgede petrol olduğu için, onun varlığını tespit ederiz. Yani petrol var olduğu için biz onu öyle biliriz ve ilmimiz maluma tabi olur, bilgi bilinene uyar. Petrol olmayan yerde *"petrol var"* desek orada petrol olmaz. Böyle söylemek ilim de değildir. Böyle iddia ettiğimiz için orada petrol olsaydı, malum ilme tabi/uymuş olurdu.

Bilimsel verilerde konunun başka örnekleri de vardır: İlim adamları, tecrübe ve araştırmalara dayanarak, güneşin hangi gün, hangi saatte tutulacağını önceden tespit ederler. Günü ve saati gelince güneş tutulur. Şimdi, şöyle soralım:

"Güneş, onlar 'şu günde şu saatte tutulacak' dedikleri için mi o gün ve o saatte tutuldu, yoksa güneş o gün ve o saatte tutulacağı için mi, bilim adamları o şekilde tespit ettiler?"

Şimdi kader açısından konuya bakalım:

"İlim maluma tabidir" düsturu gereğince, Yüce Allah olanları ve olacakları İlm-i ezelîsi ile bilmektedir.[4] Onun ilmi/bilgisi de maluma tabidir. O böyle bildiği için biz böyle yapmıyoruz, biz böyle yaptığımız ve yapacağımız için o öyle bilmektedir. Malum ilme tabi olsaydı, o öyle bildiği için biz böyle yapacaktık, bu takdirde irademizi o yönlendirmiş olacak ve hür irademizle serbest hareketimiz engellenecekti. Oysa Allah olmuş ve olacakları nasılsa öyle bilir. Yani onun ilmi de maluma tabidir.

Allah'ın yaptıklarımızı ve yapacaklarımızı bilmesi de bu örneklerde olduğu gibidir.[5] Biz böyle yapacağımız için O böyle bilir. Burada ilmî bir tespit ve bilme vardır. İradeyi zorlama ve yönlendirme yoktur.[6] İnsanlar iyilik de işlerler günah da. Zorlama ve yönlendirme olsaydı, Allah onları hem günaha yönlendirmiş olacak, hem de günahları sebebiyle azap edeceği için –hâşâ– zalim olmuş olacaktı. O zaman suçlu da kader ve ilm-i İlahi olacaktı.

Bütün verdiğimiz örnekler ve yaptığımız açıklama aşağıdaki sorulara cevap olmaktadır:

"Her şey önceden biliniyor muydu?"

Evet, İlm-i Ezelî her şeyi önceden biliyordu. Fakat bilmek zorlamak değildir.

"Madem Cenab-ı Hak, İlm-i Ezelîsi ile Cennetlik veya Cehennemlik olduğumuzu biliyor, irademizle gayret sarf etmemize ne gerek var?"[7]

O bizim Cennetlik ve Cehennemlik olduğumuzu bilir. Fakat biz serbest irademizle ne yapacaksak o öyle bilir.

---

[4] *Hadid,* 47/22; *Tevbe,* 9/51; *Fussilet,* 35/11; *Âl-i İmran,* 3/145-154;Taftazani, *Şerhu'l-Akâid,* s. 164, 165; Gazali, s. 231, 277; Nesefi, *Tabsıra,* I, 504, 506; Watt, s. 108; Keskin, s. 102, 128, 134; Koçar, s. 299; Aydın, s. 22.

[5] Taftazani, *Şerhu'l-Akâid,* s. 164, 194, 198, 203.

[6] Taftazani, *Şerhu'l-Akâid,* s. 194, 198, 235; Mehmed Vehbi, *Akâid-i Hayriye,* s. 29.

[7] Ra'd, 13/36; Nahl, 16/17; Taftazani, *Şerhu'l-Akâid,* s. 164, 190, 194, 196; Ramazan Efendi, s. 196. Allah'ın yaptıklarımızı bilmesi konusunda bkz. Ömer Nasuhi, *Mülahhas,* s. 45-46; Mehmed Vehbi, *Akâid-i Hayriye,* s. 29-30, 32.

"Cenab-ı Hak ne yapacağımı biliyorsa ve yazmışsa, benim ne kabahatim var?"

Bu sorunun cevabı da *"ilim maluma tabidir"* kuralının açıklaması ve kalplerin mühürlenmesi konusunda verilmiş olmaktadır.

"Biz rüzgârın önünde uçan bir yaprak gibi miyiz?" sorusu da bu açıklamalarla vuzuha kavuşmaktadır. Biz rüzgâr önünde iradesi zorlanan, engellenen bir yaprak gibi değiliz, böyle olsa –hâşâ!– Allah zalim, adaletsiz ve merhametsiz olurdu. Zorla yaptırdıklarına ceza takdir etmesi bunu gerektirirdi. O zaman emir ve nehyin, iyilerin övülmesi ve kötülerin yerilmesinin de anlamı olmazdı.

"Kaderin (yani yapacaklarımızı Allah'ın bilmesinin) fiil ve hareketlerimiz üzerinde bir etkisi var mıdır? Kader bizi yönlendiriyor mu?"

"İlim maluma tabidir" ilkesi gereğince, nasıl yapacaksak Allah öyle bilir. Kader, kulun iradesi ve kesbi ile Allah'ın yaratmasıyladır.

4 . İlm-i Ezelî Nedir?

Ezel: Kelime olarak, iptidası, başlangıcı olmayan, her zaman ve bütün zamanlarda olan demektir. Ezelî, ise; ezele mensup, ezelle ilgili, devamlı var olan, varlığının başlangıcı olmayandır.

İlm-i Ezelî: Varlığının başlangıcı olmayan, her zaman var olan ve bütün zamanları kucaklayan ilim demektir.[8] Bu açıdan ezel, mazi silsilesinin bir ucu değildir. Ezel; maziyi/geçmişi, geleceği ve hali/şimdiki zamanı birden görür, bilir ve tutar. Bu açıdan ezelî, geçmişin ön ucu gibi hayal etmemek gerekir. İlm-i Ezelî de bu tür kabule dayanan ezelle ilgili bir ilim değildir.

Bir ayna var sayalım: Bu ayna olmuş olacak ve olan her şeyi aynı anda görmekte, bilmekte ve kaydetmektedir. Ayna böylece İlm-i Ezelî gibi görev yapmış olacaktır.

---

[8] *Mülk,* 67/14; Taftazani, *Şerhu'l-Akâid,* s. 164-165, 192, 203, 235; Taftazani, *Şerhu'l-Makâsıd,* IV, 228; Watt, s. 128, 309, 392.

Bir başka örnek verelim:

Bir karınca "A" noktasından yola çıktı, şu an "B" noktasında ve "C" noktasına doğru yürüyor. O karınca için şu an "A" noktası mazi/geçmiş, "B" noktası hal/şimdiki zaman ve "C" noktası da gelecektir.

Aynı hadiseyi yüksekten ona çevrilen bir ayna ile birlikte düşünelim. O aynada aynı anda A, B ve C noktaları birlikte görülecektir. Karınca için A noktası geçmiş, B noktası şimdiki zaman, C noktası gelecek iken, ayna için aynı durum söz konusu olmayacaktır. O maziyi, hali ve geleceği bir anda tutar, İlm-i Ezelî de bu ayna örneğinde olduğu gibidir. Geçmişi, geleceği ve hali bir anda görür, tutar ve bilir.

Rasulullah (a.s.m.) İlm-i Ezelîyi şöyle tarif etmiştir:

İlm-i Ezelî, *"manzar-ı a'lâdan, ezelden ebede kadar her şeyi, olmuş ve olacak, birden tutar, ihata eder..."*[9]

Kader de İlm-i Ezelînin bir nev'i/türüdür; o da, mazi, hal ve istikbali birden görür, tutar ve tespit eder. Karınca, nasıl kendi iradesi ile hareket eder ve ona bakan ayna onun geçmişini, geleceğini ve şimdiki zamanını birden görür ve tespit ederse, kader denen İlm-i İlahî de öyledir.

O gördüğü, tespit ettiği için biz yapıyor, işliyor değiliz. Biz yaptığımız, işlediğimiz için ayine misal (ayna benzeri) olan İlm-i Ezelî görmekte, bilmekte ve tespit etmektedir.

5. Kader İradeyi Engellemez mi?

Yukarıda açıklandığı üzere, irade kadere münafi (zıt, mugayir ve aykırı) değildir. Belki kader, iradeyi (cüz-i ihtiyarîyi) teyit eder, onu zorlamaz, iradeli hareketi engellemez ve onu iptal etmez. Çünkü bilmek, görmek, olmuş ve olacağı tespit etmek başka; zorlamak başka şeydir. Kader, nasıl olacaksa öyle görür, bilir ve tespit eder.[10]

---

[9] Nursi, *Sözler,* s. 435; (Yirmi Altıncı Söz, İkinci Mebhas).

[10] Taftazani, *Şerhu'l-Akâid,* s. 190, 192, 194, 198, 257; Taftazani, *Şerhu'l-Makasıd,* IV, 232, 240, 249, 276, Nesefi, *Metnu Hakâiki'l-Akâid,* s. 3; Watt, s. 130, 242, 309; Bilmen, *Mülahhas,* s. 46, 84; Mutlu s. 41, 42.

Bir misalle konuya açıklık getirebiliriz:

Farklı bir uydu düşünelim. Bu uydu bir insanın yaptığı, yaşadığı, düşündüğü her şeyi, geçmişini, geleceğini ve şu anını birden görüyor ve tespit ediyor. Diğer yandan insan hür iradesiyle hayatını yaşıyor; kararlar veriyor, iyilikler, kötülükler işliyor, doğrular ve yanlışlar yapıyor. Bu uydu bütün bunları, yani geçmişi, hali/şimdiki zamanı ve geleceği birden görüyor ve biliyor. Fakat insana ve hür iradesine karışmıyor, onu zorlamıyor. Bu durumda uydunun bilmesi, görmesi, insanın iradesini iptal etmez, onun özgürlük ve iradesine münafi değildir. O insan bir yandan iradesiyle yapacağını yaparken, diğer yandan yaptıkları, yapacakları bilinmektedir.

6. Gelecekte Olacaklar Bilinebilir mi?

Soru: *"Geçmişi ve şimdiki zamanı görme ve tespit etme konusunu akıl kolayca anlamaktadır. Fakat geleceği bilme, görme ve tespit etme konusuna dair örnekler verilebilir mi?"*

Cevap: Bazı durumlar bilimsel olarak da önceden *"tespit"* veya *"tahmin"* edilebilmektedir. Şu örnekler konuyu anlamamıza yardım edebilir:

Düz bir ovada, 500 m. yüksekliğinde bir kule farz edelim. Kulenin hemen yakınından bir demir yolu geçmektedir. Kulenin en yüksekteki odasında biri oturmaktadır. Adamın işi trenlerin hangi saatte kulenin önünden geçtiğini tespit etmektir. Bu adam 100 km. ileriden gelen trenleri ve hızlarını teknik donanımıyla tespit eder. Meselâ 80 km. hızla 100 km. uzakta gördüğü bir trenin saat kaçta kulenin önünde olacağını, basit bir hesapla ortaya çıkarır ve kaydeder. Fakat kule önünden gelip geçen trenlerin makinistleri bunun farkında değillerdir. Bir gün görevli kulenin doğusundan 100 km. uzaklıktan, 80 km. hızla, bir trenin geldiğini görür. Aynı anda kulenin batısından da 80 km. hızla bir trenin geldiğini tespit eder. Bu hızla gelen trenlerin, nerede ve ne zaman çarpışacaklarını hesap eder ve yazar. Onun önceden bildiği ve tespit ettiği gibi çarpışma gerçekleşir.

Bir kişi ortaya çıkıp o adama, *"sen önceden bu tespiti yaptığın için iki tren burada çarpıştı. Bu kazada suçlu sensin."* Dese bu ne kadar mantıklı olur?

Bu örnek de gösterir ki; suçlar kadere, Allah'ın ilmine ve bilmesine yüklenemez. Yaptıklarımızda kader suçlanamaz. Ama kaderi yanlış anlayanlar şöyle diyebiliyorlar:

"Kaderimizde yazıldığı için ben bu günahı işledim."

Bunlara trenlerin çarpışması örneğinden hareketle şöyle cevap verilebilir:

"Hayır, bu günahı işleyeceğin için kader, İlm-i İlahi onu öyle yazdı."

Bir örnek daha verelim.

Trafik kontrolü yapan emniyet görevlisi belirlenen sınırın üzerinde hız yapan bir aracı durdurur. Şöyle der:

"Beyefendi, bir km önce 140 km hızla radara takıldınız. Üzgünüm, ama size ceza yazmak zorundayım."

Sürücü buna şu itirazda bulunsa mantıklı ve doğru olur mu:

"Radar tespit ettiği için ben 140 km hızla gittim."

İrade-i cüz'iyemizle, hür irademizle yaptığımız işlerle kaderin ilişkisi; tren ve radar ilişkisinde olduğu gibidir.

"İnsan kendi kaderini kendi mi çiziyor? Her şey önceden belirlenmiş midir?" sorularının cevapları da bu ve benzer örnekler ışığında ortaya çıkacaktır.

Bazı insanlar kaderi inkâr etmek için şöyle derler:

"Kader yoktur, insan kaderini kendi çizer."

Bazıları da kadere inandıklarını, ama her şeyi hür iradeleriyle yaptıklarını anlatmak için şunları söylerler:

"Kader vardır, ama bu bizi zorlamaz, irademizi elimizden almaz ve iptal etmez, insan kendi kaderini kendisi çizer."

Mutezile Mezhebi, kader ve kazayı kabul etmez. İnsanı tam, mutlak irade ve güç sahibi görür. Onlara göre insan tam seçme ve yapma (fiillerini yaratma) sahibidir. Bu açıdan seçtiklerinin ve yaptıklarının sorumlusudur.[11]

Mutezileye göre, insan kaderinin önceden tayini diye bir şey yoktur. İnsan kaderinin tayini Allah'ın elindedir. Ehl-i Sünnete göre insanın kaderi bir yandan kendi elindedir, diğer yandan Allah İlm-i Ezelîsi ile önceden bunu takdir etmiştir. Kaderle olan hiçbir şey Allah'ın ilmi dışında değildir.[12] Ehl-i bidat mezhebi olarak anlatılan, Mutezilî görüşü benimseyenler, kaderi inkâr için, *"İnsan kendi kaderini kendi yaratır"* diyebilmektedirler.

7. Allah Hangi Yolu Seçeceğimizi Bilmiyor muydu?

Sual: *"Allah, insanların iyi ya da kötü yolu seçeceklerini bilmiyor muydu, o halde neden bizi deniyor?"*

Cevap: Allah her şeyi bilir, görür ve işitir. Kur'an-ı Kerim'de bu konuyla ilgili çok sayıda ayet vardır. Allah her şeyi bildiğine göre, tüm canlıları, cansızları, onların yaptıklarını da bilmektedir. Biz insanların da yaptıklarını ve yapacaklarını bilmektedir. Burada şöyle bir soru sorulmaktadır:

"Öyleyse bizi denemek, imtihan etmek için neden dünyaya getirdi? Bizi hiç imtihana çekmeden Cennete veya Cehenneme sokabilirdi?"

Bu soruya şu bir karşılığı verebiliriz:

Böyle bir varsayıma göre Cehenneme girenler, cezalandırılanlar şöyle bir itirazda bulunmazlar mıydı?

"Ey Allah'ım, beni yaratmadın, ben bir şey yapmadım. Sen beni yapmadığım şeylerden dolayı cezalandırıyorsun, bu zulüm ve adaletsizlik değil midir?"

Yüce Allah buna karşılık; *"Ama ben yanılmaz ilmimle senin kaderinde olan günahları işleyeceğini biliyordum, bu yüzden seni ya-*

---

[11] Gölcük, *İslâm Akâidi,* s. 173.

[12] Gölcük, *a.g.e.,* s. 174.

ratmaya ve denemeye lüzum görmedim" dese, insanlar bu kez şu itirazı yapmazlar mıydı:

"Sen beni yaratsan, imtihana çeksen, belki ben farklı şeyler işler ve cezadan kurtulurdum."

Bir öğretmen düşünelim. Bir talebenin dersten çok zayıf olduğunu biliyor ve ona şöyle teklifte bulunuyor:

"Ahmet, bu dersten çok zayıfsın, yüz üzerinden 50 almak bir yana, sen yazılı sınavda 20 puan bile alamazsın. Ben bunu adım gibi biliyorum. İstersen sen yazılıya girme, ben sana 20 puan takdir edeyim."

Öğrenci ona şöyle cevap veriyor:

"Hocam, belki yapabilir, 20 puandan fazla alabilirim. Belki de 50-60 puan alır dersten geçerim."

Öğretmen, onun dersten kalacağını tahmin etse, hatta bunu adı gibi bilse de; onu imtihan edecek ve deneyecektir. Böylece öğrenci, psikolojik olarak tatmin olduğu gibi, *"Beni sınav etmedi, aslında ben çalışmıştım ve bu dersi geçecektim"* itirazını da yapamayacaktır.

8. İnsanları Denemeden Cehennem mi?

Allah kaderde olacakları Levh-i Mahfuz'da tespit edip yazmasına rağmen, insanları yaratmış, imtihana tabi tutmuştur. Çünkü insanlar aksi takdirde itirazda bulunabileceklerdir. Nisa Suresi 133. ayeti de konuyla ilgilidir. Ayette şöyle buyrulur:

"Cennetle müjdeleyici ve Cehennem azabıyla korkutucu bir kısım resuller gönderdik ki, bu peygamberlerin gelişinden sonra insanların kıyamette: 'Bizi imana çağıran olmadı' diye Allah'a karşı bir hüccet ve özürleri olmasın. Allah azîz ve hakîmdir."

Demek, Yüce Allah kaderde yazılanların olacağını bildiği için insanları yaratmasa ve imtihan yeri olan dünyada denemeseydi, insanlar şöyle diyebileceklerdi:

"Bizi yaratmadın, dünyada denemedin, denemek için de peygamberler göndermedin, Cennetle müjdeleyip, Cehennem azabıyla korkutmadın. Bizi imana çağıran olmadı. Şimdi de 'kaderinizde bu yazılıydı. Yaratsam ve denesem de Cehennemlik olacaktınız' diyorsun. Oysa biz Cehennemi hak edecek bir günah işlemedik, sen işlemediğimiz amellerle bizi ateşe atmak istiyorsun. Bu konuda biz mazuruz, özürlü sayılırız."

Allah, insanların kendine böyle bir itiraz, özür ve hüccet/delil sunmamaları için; onları yaratmakta, imtihana çekmektedir. Bu onun Hakîm (hikmet sahibi) olmasının da gereğidir.

Konuyla ilgili bir başka ayet de şöyledir:

"(Resulüm, inkârcılara) yaptıkları inkâr ve isyan yüzünden (kıyamet günü) başlarına bir azap geldiği zaman, 'Rabbimiz, bize bir peygamber gönderseydin de ayetlerine uyup, mümin insan olsaydık...' diyecek olmasalardı, seni resul olarak göndermezdik. Biz ancak, onların bu sözünü kesmek için seni gönderdik."[13]

Şu halde sadece kader defterine göre muamele görüp, azap görecek olanlar, şu itirazda bulunacaklardı:

"Bizi yaratmadın, imtihana tabi kılmadın, iyi nedir, kötü nedir bildirecek bir resul de göndermedin. İmtihana tabi tutup, bir peygamber gönderseydin, biz onunla gönderdiğin ayetlere uyar, müminlerden olurduk."

Yüce Allah onların bu itirazını engellemek için resuller göndermiş ve son peygamber Hz. Muhammed'e (a.s.m.) bu hikmetten dolayı nübüvvet vermiştir. İnsanlara peygamber göndermenin hikmetlerinden birinin de bu olduğunu açıklamıştır.[14]

Ayrıca Allah insanları yaptıklarından dolayı cezalandıracaktır. Bu konuyla ilgili ayetlerden biri şöyledir:

"(Cezâen bimâ kânû ya'melûn = Yaptıklarına karşılık bir ceza/karşılık olarak (görecekler)"[15]

---

[13] *Kasas,* 28/47; Taftazani, *Şerhu'l-Makasıd,* IV, 252; Sarıcık, *Çağrı,* s. 74.

[14] Kader-İrade ilişkisi için bkz. Taftazani, *Şerhu'l-Akâid,* s. 156, 164, 190-191, 194, 196, 198, 203, 234-235.

[15] Mehmed Vehbi, *Akâid-i Hayriye,* s. 28.

Bu sır ve hikmetten dolayı, ehl-i fetret olanlar iman ve ibadetle sorumlu değillerdir. Allah'ın insanları yaratması ve peygamberler göndererek imtihana çekmesi de bu sır ve hikmetten dolayıdır. Çünkü o alîm olduğu gibi hakîmdir de. Hikmeti böyle yapmasını gerekli kılmaktadır.

Bir ayette konuyla ilgili şöyle buyrulur:

"Vallâhu erkesehüm bimâ kesebû = Allah onları kespleriyle yaptıklarından dolayı nifaka itti."

Bir başka ayet de şöyledir:

"Cezâen bimâ kânû ya'melûn = Yaptıklarına karşılık onlara ceza olarak (bunu verdi)."[16]

Bu ayetler de kulun yapmadıklarından ceza görmeyeceğini göstermektedir. Farz-ı muhal kader olmasa bile, kullar ancak işlediklerine karşılık iyi ve kötü karşılık (ceza) göreceklerdir. *"İnsanlar ancak amellerine karşılık ceza görürler; amelleri iyiyse iyi, kötüyse kötü."*[17]

9. "Fa'âlün Limâ Yürîd"

Soru: *"Allah bizim iyi veya kötü yola gideceğimizi İlm-i Ezelîsi ile biliyorsa ve Levh-i Mahfuz'da yazmışsa neden bizi deniyor ve imtihana çekiyor?"*

Bu soruya şöyle de cevap verilebilir:

1) Cenab-ı Hak Mâlikü'l-Mülktür, her şeyin gerçek sahibidir. Kâinatın hükümranlığı onun elindedir. Mülk sahibi, mülkünde istediği gibi tasarruf edebilir.[18] Bu açıdan o yaptıklarından dolayı hesa-

---

[16] Âyetler için bkz. Bilmen, *Mülahhas,* s. 46, 50; Ramazan Efendi, s. 186-189; Mehmed Vehbi, *Akâid-i Hayriye,* s. 28-29.

[17] Bilmen, *Mülahhas,* s. 87.

[18] Taftazani, *Şerhu'l-Makasıd,* IV, 128-134, 249-251, 259-262; Taftazani, *Şerhu'l-Akâid,* s. 165, 174, 145, 174-176, 239; Nesefi, *Tabsıra,* I, 492-493; Nesefi, *Metnu Hakâikil-Akâid,* s. 3; Gazali, I, 231, 278, 281, 286-287; Ramazan Efendi, s. 186; Mehmed Vehbi, *Akâid-i Hayriye,* s. 64; Mutlu, s. 3,11-12.

ba çekilmez. Ona mani olunamaz, işlediklerinden dolayı ona meydan okunamaz ve karşı çıkılamaz. Her şeye kadir, her şeyi bilen, gören, hikmetle tasarruf eden ulûhiyet bunu gerektirir.

2) Ayrıca o her şeye kadir bir İlah olmakla ayette belirtildiği gibi, *"fa'âlün limâ yürid"*dir, yani istediğini istediği gibi yapar. Zaten istediğini istediği gibi yapamayan, bundan aciz olan, ne yapacağını bilemeyen veya yapacaklarını yarattıklarına danışan ve onların arzularına ve isteklerine göre hareket eden İlah değildir. Çünkü bu durum onun acizliğini, ilim, kudret, hikmet ve iradesinde noksanlığını gösterir. Onu yaptıklarında hesaba çekmek, eleştirmek, ona bu konuda isyan ve itirazda bulunmak da; kulların ve yaratılmışların hakkı ve haddi değildir. Böyle yapmak isteyenler hakları ve kulluk sınırlarını aşan bir şeyi yapmak istemektedirler. Bu takdirde *"Kâinatın hükümranlığı, yaratılması bu düzenin devam ettirilmesi bizim istek ve arzularımıza göre olsun"* demek istemiş olurlar. Bu da onların hakları ve hadleri olmayan İlahlığa soyunmuş olmaları anlamına gelir.

10. Levh-i Mahfuz'da Yazılanlar

Hadid Suresinde bulunan iki ayet de kaderin varlığı ile birlikte, insanların bu dünyada imtihana çekilmelerinin hikmetini şöyle açıklar:

"Yeryüzünde vuku bulan (zelzele, kıtlık, kuraklık vb musibetler) ve sizin başınıza gelen herhangi bir musibet yoktur ki, biz onu yaratmadan önce bir kitapta (Levh-i Mahfuz'da yazılmış) olmasın. Şüphesiz bu Allah'a göre kolaydır."

"Böylece elinizden çıkanlara (nimetlere) üzülmeyesiniz ve Allah'ın size verdikleri nimetlerle şımarmayasınız. Çünkü Allah kendini beğenip böbürlenenleri sevmez."[19]

Bu ayetler, kader konusunda önemli mesajlar verirler:

---

[19] *Hadid,* 57/22-23; Ayrıca bkz. Watt, s. 128, 130, 309, 392.

• Demek kader vardır; ilk ayete göre yeryüzünde olacaklar ve insanların başına gelecekler, olmadan ve yaratılmadan önce kitapta (Levh-i Mahfuz'da) yazılmıştır.

• Olacakların ve insanların başına geleceklerin, daha önceden bilinmesi ve yazılması, bize göre zor ve imkânsız olsa da, bu Allah'a göre kolaydır.[20] Çünkü o İlm-i Ezelîsi ile olmuşları ve olacakları bilir, onun ilmi her şeyi kuşatmıştır.

• Kaderin varlığının hikmetlerinden biri de *"Elden çıkan nimetlere üzülmemek ve Allah'ın verdiklerine şımarmamaktır."* Bir musibete uğrayan, zorluğa düşen, nimet elinden giden mümin, bu ayete göre kendini şöyle teselli etmelidir:

"Kaderimde varmış ki böyle oldu."

Yani kadere iman; böylece mazide ve musibetlerde kaderin ilacı olur, insanı ümitsizlikten kurtarır. Böylece *"Men âmene bi'l-kader emine mine'l-kader=Kadere iman eden kederden emin olur"* düsturu hayata geçirilmiş olur.

Bu gerçeği arifler de şöyle ifade etmişlerdir: *"Kaderde Allah'ın sırrını bilene musibetler hafif gelir."*

Konuyla ilgili olarak İbn-i Abbas'ın şu sözü de meşhurdur:

"Mümin musibetini sabra, nimetini şükre çevirir."[21] Yani mümin musibetlere sabreder, rıza ile mukabele eder. Ona bir nimet gelince de, nimetten nimeti verene, nimetten in'ama, in'amdan mün'ime yönelir, nimetleri Allah'ın verdiğini bilir, ona isnat eder, tahdis-i nimetle şükreder. Böylece, ezelde takdir edilen nimetler, onun şımarmasına değil, şükre yönelmesine sebep olur. *"Allah'ın size verdikleriyle şımarmayınız"* ihtarına uyulmuş olur.

• Hayır ve şer Allah'tandır; hayırları ve şerleri yaratan odur.[22] Bu açıdan insan, nimetleri ve hayırları kendinden bilip, kendini

---

[20] Taftazani, *Şerhu'l-Akâid,* s. 156, 164, 192, 194, 198, 203; Nesefi, *Metnu Hakâikı'l-Akâid,* s. 3; Mehmed Vehbi, *Akâid-i Hayriye,* s. 31, 32; Ramazan Efendi, s. 194-192; Mutlu, s. 38-39.

[21] *Hadid,* 57/23; Sabuni, III, 327.

[22] *Zümer,* 39/7; Gazali, I, 831; Taftazani, *Şerhu'l-Akâid,* s. 156, 190, 203, 206, 227, 235, 239; Mustafa Sabri, s. 313 vd. Mehmed Vehbi, *Akâid-i Hayriye,* s. 30, 29.

beğenip böbürlenmemeli, kibre, gurura ve ucba girmemelidir. Allah böylesini sevmez.

11. Kalbin Mühürlenmesi

Kuran-ı Kerim'de bu konuyla ilgili dikkat çekici ayetler vardır. Bunlardan bazıları şöyledir:

- *"Allah onların kalplerini mühürledi..."*
- *"Onların kalplerini mühürledi..."*
- *"Onun duymasına ve kalbine mühür vurdu..."*
- *"O gün (kıyamette) biz onların ağızlarını mühürledik..",*
- *"(Ey Resulüm) Allah isterse senin kalbini mühürler..."*[23]

Kalbin mühürlenmesi ile ilgili ayetlerden ikisi de Bakara Suresi altıncı ve yedinci ayetleridir. Ayetler şöyledir:

"Küfredenleri uyarsan da uyarmasan da (birdir), fark etmez. Onlar yine de inanmayacaklardır. Çünkü Allah onların kalplerini ve kulaklarını mühürlemiştir, gözlerinde de perde vardır. Ve büyük azap onlar içindir."

Bu iki ayet, Medine Yahudileri, Yahudi hahamları, Medine'de ileri gelen bazı Yahudiler, Medine kâfirleri veya münafıkları hakkında nazil olmuştur.[24]

Mekke'de indirilen En'am Suresi 46. ayeti de bu konuda şöyle der:

"De ki: '(Ey Mekke müşrikleri), Ne dersiniz? Eğer Allah kulaklarınızı, gözlerinizi alsa (sizi sağır ve kör etse), kalpleriniz üzerine mühür vursa, bunları size geri getirecek Allah'tan başka İlah kimdir?' Bak, delilleri nasıl açıklıyoruz, fakat onlar yine yüz çeviriyorlar."

---

[23] Bkz. *Bakara,* 2/7; *En'âm,* 6/46; *Câsiye,* 45-23; *Yasin,* 36/65; *Şura,* 42/24; krş. Bilmen, *Mülahhas,* s. 45-46, 84, 86.

[24] Bkz. Taftazani, *Şerhu'l-Makasıd,* IV, 309-311; Ramazan Efendi, s. 216-217;

Kâdi, s. 24; Çetiner, I, 15; Mutlu, s. 55-56.

Görüldüğü gibi, bu ayetle Mekke müşrikleri (ve onlara benzeyenler) konu edilmektedir. Mekke'de indirilen Câsiye Suresinin bir ayeti de şöyledir:

"Hevasını (kötü duygu ve arzularını) tanrı edinen ve Allah'ın bir bilgiye göre (ilimle) sapıttığı, kulağını ve kalbini mühürlediği, gözüne de perde çektiği kimseyi gördün mü? Şimdi onu Allah'tan başka kim hidayete erdirebilir? Hâlâ teşekkür etmeyecek misiniz, (ibret almayacak mısınız?)"[25]

Bu ayet de Mekke müşriklerini konu almaktadır. Onlar güzel buldukları bir taşı tanrı edinir, ona tapar, ondan daha güzelini bulunca bunu bırakır, ötekini tanrı edinirlerdi. Taberî'ye göre bu uygulamalarından dolayı indirilmiştir.[26]

Bu konuda Yasin Suresindeki bir ayet de şöyledir:

"O gün (kıyamette) onların ağızlarını mühürleriz. Kazandıklarını (iyi ya da kötü amellerini) bize elleri konuşur, ayakları da şahadet eder."[27]

Yasin Suresi Mekke'de indirildiğine göre bu ayet de Mekke müşrikleri ve onlara benzeyen Cehennemlikler hakkındadır. Bu ayet konumuzla doğrudan ilişkili değildir.

Kalplerin mühürlenmesi ile bir ayet de Şura Suresi 24. ayetidir:

"(Ey Resulüm), yoksa onlar (senin için) 'Allah'a karşı yalan uydurdu' (kendisine vahiy gelmediği halde 'geldi diyor mu?' derler. Bu durumda Allah dilerse senin kalbini mühürler, batılı yok eder ve sözleriyle hakkı gerçekleştirir. Mutlaka o, kalplerde olanı bilendir."[28]

Şûra Suresinin bu ve birkaç ayeti, Medineli Ensarın bazı düşünceleri üzerine indirilmiştir.[29]

Bu konuda en çok şu soru akla takılmaktadır:

---

[25] *Câsiye,* 45/23.
[26] Bkz. Kâdi, s. 350; Çetiner, II, 793.
[27] *Yasin,* 36/65.
[28] *Şûra,* 42/24.
[29] Çetiner, II, 778.

"Allah, inanmayanların kalplerini mühürlüyorsa, kötü yola sapmaları onların nasıl tercihi olabilir?"

Bu sorunun cevabını vermeden önce kalbin mühürlenmesi üzerinde durmak gerekir.

12. Kalbin Mühürlenmesi Ne Demektir?

Kalbin mühürlenmesi hakikati görüp anlamaya ve iman etmeye kabiliyet ve istidadın kalmamasıdır. Yani böylece küfür onlarda, iyice takarrur etmiş müktesepleri ve hilkat-i saniyeleri olmuştur.

Hemen ifade edelim ki, her insan İslâm fıtratı üzere doğar, fakat sonradan iman veya küfür yolunu benimser. Yani Allah başlangıçta herkese, doğruları görebilecek bir kalp vermiştir. Bu kalp mühürlü değildir. Allah başlangıçta bazı insanların kalbini mühürlemiş ve öyle yaratmış olsaydı, o takdirde bir zorlama ve cebir söz konusu olur –hâşâ– Allah zulmeder ve şu sorular sorulabilirdi:

"Allah kalbimi mühürlediyse, ben imanı nasıl tercih edebilirim?"

"Mühürlenen kalplerin sahipleri nasıl sorumlu tutulabilir?"

"Kalbim mühürlüyse, benim gayret göstermeme ne ihtiyaç var?"

"Allah kalbimi mühürlediyse, beni Cehenneme atması zulüm=adaletsizlik değil midir?"

"Allah kalbimi mühürlediyse benim ne suçum var?"

13. Kalp Neden ve Nasıl Mühürlenir?

Hz. Peygamberin (a.s.m.) buyurduğu gibi; insan bir günah işleyince, bu günahın olumsuz tesiri ile kalpte bir siyah nokta olur. Günahın büyüklük ve küçüklüğüne göre bu noktanın da büyüklüğü küçüklüğü farklıdır. Bu nokta manevî bir siyahlıktır. Eğer günahı işleyen pişman olur, tevbe ve istiğfar ederse; bu nokta silinir ve giderilir; kalp yine parlar. Kişi günaha devam eder, bunu bir itiyat, alışkanlık haline getirir ve tevbe etmezse bu leke büyür, kalp aynasını kaplar ve onun iman ışığı ve Şems-i Ezelî olan Allah'la irtibatı kesilir. Bu, bir aynanın tozlanarak, toz tabakasının onu kaplaması ve şeffaflığını yok etmesine benzer.

Demek her günahta insanı küfre götüren bir yol vardır. Kalp aynasındaki lekeler onu iyice kaplayıp, bir örtü ve kılıf gibi kaplar. Şu halde kalbin mühürlenmesinin başlıca nedeni günahlardır. Günahları da hür iradesi ile kullar işler. Öyleyse kalbin mühürlenmesine sebep olan insanın kendisidir. Aynı şekilde günahlardan kaçınarak, iyilikler işleyerek veya tevbe ederek kalbinin mühürlenmesini engelleyen de insandır. Bu açıdan, kalbin mühürlenmesi veya mühürlenmemesi konusunda bir suçlu veya suçsuz aranacaksa bu insanın kendisidir.

İnsanın bütün eylemlerinde olduğu gibi, burada da kesp insandan, halk (kalbi mühürleme) Allah'tandır.[30] Nasıl biz adım atmak isteriz, Allah adımı (bacağımızdaki hareketi) yaratır, sağa bakmayı istersek, o gözde hareketi yaratarak onu sağa çevirir, elimizi harama veya helale uzatmak isteyince, kolun hareketini –isteğimiz üzere– yaratır, kalbin mühürlenmesi de aynen bunun gibidir. Mühürlenme irade ve yaptıklarımızın sonucudur. Eylemi (işi, fiili) yapan bunun sonucuna katlanmalıdır.

14. "Kalbim Mühürlendiyse Suçum Ne?"

Beyaz, parlak cilalı bir kâğıdın üzerine mürekkep damladığını düşünelim. Mürekkep vakit geçirmeden silinirse, kâğıt yine parlak hale dönecektir. Fakat silinmez ve kâğıda damlamaya devam ederse, kâğıt beyazlık ve parlaklığını kaybedecek, simsiyah hale dönüşecektir. Onu siyah hale getiren suçlu; elbette ona mürekkebi damlatan, bunu sürdüren ve kâğıdı zamanında temizlemeyendir. Kâğıdı

---

[30] Taftazani, *Şerhu'l-Akâid,* s. 165, 174, 190, 196, 198, 203, 221, 223, 227.

bize satan ve veren kırtasiyeci değildir. Tabiri caizse Allah bize, başlangıçta, beyaz, parlak bir kalp kâğıdı verdi. Fakat biz, ona günah mürekkepleri damlattık, o beyaz kâğıdı siyahla mühürledik. Böylece onun ilk fıtratının değişmesine, farklı bir hale dönüşmesine sebep olduk. Bu takdirde şunları diyebilir miyiz?

- *"Kâğıt karaysa benim suçum ne?"*
- *"Mürekkep kâğıdımı kararttıysa, ben bundan nasıl sorumlu olurum?", "Mürekkep kâğıdı işe yaramaz hale getirdiyse, onu ateşe atmak bana haksızlık değil mi?"*
- *"Kâğıdım mürekkeple karardıysa, sahibi olan ben niye cezalandırılıyorum?"*

Kalbin mühürlenmesiyle ilgili sorular da buna benzer.

Şu örnek de konuya açıklık getirebilir:

Akıllı ve şuurlu bir buğday tanesi düşünelim. Çiftçi bunu çimlensin, baharda başak versin diye tarlasına attı. Akıllı ve şuurlu tanenin önünde iki tercih duruyordu: Ya ısı, ışık ve nemden olumlu etkilenip, doğru yola girip, çimlenip, bahar haşriyle yemyeşil bir Cennete doğacaktı, ya da zararlı bakterilerle haşir neşir olup çürüme yolunu seçecekti. Onun çürümesi demek, canlılığa kabiliyetin kalmaması, kalbinin mühürlenmesi demekti.

İnsanlar da, imtihan toprağına atılan, İslâmiyet suyu, iman ışığı ve ısısıyla muameleye tabi tutulan tohumlar gibidirler. Kimisi iman ve amel-i salih yolunu seçerek, o yolun gereği olan şeyleri yapar, bu imtihan ve deneme ile kıyamette Cennete doğarlar. Kimisi de, zararlı bakteriler ve mikroplarla meşgul olup çürürler, imanı ve imanla hayat bulma kabiliyetlerini kaybederler. Bu yola hür iradeleriyle girenler ve yürüyenler onlar olduğu için; sorumlular da onlardır. Kalbin mühürlenmesi ise, yapılanlardan doğan bir sonuçtur.

Bir ticarethane düşünelim. Tüccar helal ve yasal gıda alıp satmak için ruhsat almıştı. Adam bu tür gıdalar alıp satarken, para kazanıyor, gittikçe durumunu iyiye götürüyordu. Derken, kendi kararıyla haram ve yasak gıdalar alıp satmaya başladı. Görevliler durumdan haberdar oldular. Önce ona ikazlarda bulundular, bu işi sürdürünce, yasak alış verişten ve yaptıklarına bir ceza olarak dükkânını mühürlediler. Artık adam, alışveriş yapamaz oldu. Şimdi suçlu konumdaki bu adam şöyle diyebilir mi?

- *"Dükkânımı mühürledilerse, benim bunda ne suçum var?"*
- *"Dükkânım mühürlendiyse ben nasıl alışveriş yapabilirim?"*
- *"Suç bende değil, dükkânımı mühürleyendedir."*
- *"Dükkânım mühürlenmeseydi, ben de diğer iyi tüccarlar gibi alışverişle para kazanabilir, durumumu daha iyiye götürebilirdim."*

Oysa bu adam yasak şeylerin alışverişini yapmakla dükkânını mühürletmiştir. Burada suçun başkalarında değil, kendisinde aranması gerekir. Çünkü başlangıçta onun dükkânı da mühürlü değildi, o yaptıklarıyla ticarethanesine mühür vurdurdu ve onun kapatılmasına sebep oldu.

Mühürlenmek, zarf, kap, örtü ve kapı gibi şeylerle yapılır.[31] İnsanların kalpleri de, ilimlerin, marifetin, iman ve inancın kabı gibidir. Kalp günahlarla, öyle hale gelir ki, içinde iman, marifet durmaz hale gelir.

Yaşamaya, hayata elverişli güzel bir ev varsayalım. Ancak bu eve güneş girmez, temizliği yapılmaz ve her cihetten yaşanmaya elverişsiz haldedir. Sonuçta çöplüğe dönmüştür. Bu ev ya temizlenecek ya da iskâna, oturulmaya kapatılacak ve kapısı kilitlenip mühürlenecektir. Çünkü artık hayata elverişli bir mekân olmaktan çıkmış, ölümü davet eden bir yere dönüşmüştür.

Kalpler de böyledir: Orada imanın yaşaması, durması ve hayatını sürdürmesi bazı şartlara bağlıdır. Bu şartlar olmazsa, kalpte iman yaşayamaz hale gelir ve bu durum kalbin mühürlenmesi demektir. Burada, sorumlu kalp evini mühürleyen değil, onu imanın, İslâm'ın, hayırların yaşayamayacağı hale getirendir.

İçinde, her türlü güzel yiyeceğin saklandığı bir depo örneği verelim. Yiyeceklerin burada bulunması bazı şartlara bağlıdır. Uygun ısıda tutulması, mikroplardan arındırılması gerekir. Eğer bu depoda yiyecekler bozulmuş, insan sağlığına zararlı hale gelmişse, burası-

---

[31] Yazır, I, 214; Ayrıca bkz. Taftazani, *Şerhu'l-Makâsıd,* IV, 309-311.

nın kapısı mühürlenecek ve depo kapatılacaktır. Bundan doğal ne olabilir? Kalp de, böyledir. Öyle bir an gelir ki, artık orasının kapatılması, mühürlenmesi gerekebilir.

15. Mühürlenme Süreci

Kalbin mühürlenme sürecini günah yaraları bağlamında aşağıdaki satırlar ne güzel açıklar:

"Günahlardan gelen (onlardan dolayı oluşan) yaralar ve yaralardan hâsıl olan vesveseler, şüpheler (neûzu billâh) mahal-i iman olan batın-ı kalbe (kalbin içine) işleyip imanı zedeler ve imanın tercümanı olan lisanın zevk-i ruhanîsine ilişip zikirden nefretkârane uzaklaştırarak susturuyorlar.

"Evet, günah kalbe işleyip, siyahlandıra siyahlandıra ta nur-u imanı çıkarıncaya kadar katılaştırıyor. Her bir günah içinde küfre gidecek bir yol var. O günah istiğfar ile çabuk imha edilmezse, kurt değil, belki küçük bir manevî yılan olarak kalbi ısırıyor. Mesela: Utandıracak bir günahı gizli işleyen bir adam, başkasının ıttılaından çok hicap ettiği zaman melâike ve ruhaniyatın vücudu ona çok ağır geliyor. Onları küçük bir emare ile inkâr etmek arzu ediyor.

"Hem mesela: Cehennem azabını intaç eden büyük bir günahı işleyen bir adam Cehennemin tehdidatını işittikçe istiğfar ile ona karşı siper almazsa, bütün ruhuyla Cehennemin ademini (yokluğunu) arzu ettiğinden, küçük bir emare ve bir şüphe Cehennemin inkârına cesaret veriyor.

"Hem mesela: Farz namazını kılmayan ve vazife-i ubûdiyeti yerine getirmeyen bir adamın küçük bir amirinden küçük bir vazifesizlik yüzünden aldığı tekdirden müteessir olan o adam, Sultân-ı Ezel ve Ebedin mükerrer emirlerine karşı farzında yaptığı bir tembellik, büyük bir sıkıntı veriyor ve o sıkıntıdan arzu ediyor ve mânen diyor ki, 'keşke o vazife-i ubudiyet bulunmasaydı' ve bu arzudan bir manevî adâvet-i İlahiyyeyi işmam eden bir inkâr arzusu uyanır. Bir şüphe vücud-u İlahiyyeye dair kalbe gelse, kat'î bir delil gibi ona yapışmaya meyleder. Büyük bir helâket kapısı ona açılır. O bedbaht bilmiyor ki; inkâr vasıtasıyla gayet cüz'î bir sıkıntı vazife-i ubudiyetten gelmeye mukabil, inkârda milyonlar ile o sıkıntıdan daha müthiş manevî sıkıntılara kendini hedef eder. Sineğin ısırmasından kaçıp, yılanın ısırmasını kabul eder ve hakeza... Bu üç misale kıyas edilsin ki: *'bel râne 'alâ kulûbihim'* sırrı anlaşılsın."[32]

16. "Bel Râne 'Alâ Kulûbihim"

Aslında aşağıdaki ayetler de kalbin mühürlenmesi konusunda akılları aydınlatırlar:

"Gerçek şu ki, kötülük edenlerin yazısı, kaderi muhakkak siccin denen Cehennemdedir. Bildin mi siccîn nedir? O, amellerin sayılıp, yazıldığı bir kitaptır. O gün vay yalancıların haline! Ki onlar, ceza gününü yalan sayarlar. Onu ancak saldırgan ve günaha düşkün kimseler yalanlarlar. O gibilere ayetlerimiz okununca 'eskilerin masalları' derler. Hayır, öyle değil! Bilakis onların kazanmakta oldukları kötülükler kalplerini paslandırmıştır. Evet, onlar şüphesiz o gün Rablerini görmekten mahrumdurlar. Sonra Cehenneme girerler."[33]

Bu ayetlerde, füccâra mükezzibîn/yalancılar denmektedir. Çünkü fücurun/günahkârlığın aslı tekzib/yalanlama ve inkârdır. Bunlar ahireti, ceza gününü yalanlarlar. Çünkü onlar haddini aşan, mütecaviz, saldırgan ve günaha düşkün kimselerdir. Bu açıdan cezaya ve ceza gününe inanmak işlerine gelmez. Ceza gününün varlığı onların aleyhinedir. Bu onların keyfini kaçırır. Bu hususla ilgili ayetler onlara okununca 'evvelkilerin esatiri/ geçmişin masalları' derler.

Hayır hayır, okunan ayetler geçmişin masalları değildir. *"Fakat öyle diyenlerin – bel râne 'alâ kulûbihim mâ kânû yeksibûn – ka-*

---

[32] Nursi, *Lem'alar,* s. 6-7.

[33] *Mutaffifîn,* 83/7-15; ayrıca bkz. Watt, s. 110-111; 118.

zançları, kesb edip durdukları ve kâr sandıkları günahlar kalplerinin üzerine pas bağlamıştır– o kalpler o günahları itiyat ede ede pas tutmuş aynalar gibi körlenmiş kararmıştır da artık duymaz ve göstermez olmuşlardır. İşte onların öyle demelerinin ve tekzib etmelerinin sebebi budur... (Hz. Peygamber) buyurmuştur ki: Kul bir günah işlediği vakit kalbinde siyah bir nokta; bir leke yapar, eğer tevbe edip çekinir, istiğfar eylerse kalbi yine parlar, döner yine yaparsa o leke artar, nihayet kalbini istila eder. İşte Kur'an'da Allah teâlânın zikrettiği reyn budur."[34]

Görülüyor ki, kalp günahlar yüzünden, günaha alışkanlıkla paslanır ve pas tutan ayna gibi olur. Artık onda iman ışığı parlamaz, Şems-i Ezel ve Ebed'le iman ilişkisi kesilir. O güneşi görmez ve göstermez olur. Demek *"Onların kazanmakta oldukları kötülükler kalplerini paslandırmıştır."*

Ayette geçen *"râne=pas tuttu"* fiili *"reyn"* mastarından gelir. Reyn bir şeyin pas tutması, pas bağlaması ve pasın o şeyde galip olmasıdır. Kalpler de açıklandığı üzere paslanır ve pas tutar. Kalbe günah ve kasvet basması da *"reyn"*'le anlatılır. Reyn, görüldüğü gibi, kalbin ayna gibi pas tutup mühürlenmesidir. Kalbin mühürlenmesi *"hatm"* ve *"tab"* kelimeleri ile de anlatılır.[35]

17. Allah'ın Kalpleri Tab' Etmesi

Yahudilerden *"Cumartesi günü sınırı aşmayın"* diye sağlam söz aldıktan sonra, sözlerinden dönmeleri ve diğer iki sebepten onların kalplerinin mühürlendiği şöyle açıklanır:

"Sözlerinden dönmeleri, Allah'ın ayetlerini inkâr etmeleri, haksız yere peygamberleri öldürmeleri ve 'kalplerimiz kılıflanmıştır' demeleri sebebiyle onları lanetledik, türlü musibetler verdik. Aslında kalpleri kılıflı (mühürlü değildi) aksine küfürleri sebebiyle,

---

[34] Yazır, VIII, 5658-5659.

[35] Yazır, VIII, 5659. Kalbin mühürlenmesini *"hatm"* kelimesiyle anlatan ayetlerden daha önce söz etmiştik.

Allah o kalpleri üzerine mühür vurmuştur (bel taba'allâhu 'aleyhâ bi küfrihim); pek azı müstesna, artık iman etmezler."[36]

Burada kalplerin mühürlenmesine sebep üç şey yer almaktadır: Sözlerinden dönmeleri, haksız yere peygamberleri öldürmeleri ve *'kalplerimiz kılıflı (kapalı)'* demeleri.

Durumları iyi olduğu ve sefere katılabilecekleri halde, Tebük seferine katılmayanlar hakkında inen bir ayet de şöyle diyordu:

"Sorumluluk ancak, zengin oldukları halde, senden (sefere katılmamak için) izin isteyenleredir. Çünkü onlar (seferden) geri kalan kadınlarla beraber olmaya razı oldular. Ve Allah da kalplerini mühürledi (ve taba'allahu 'alâ kulûbihim), artık (bunun sonucunun ne olacağını) bilemezler."[37]

Görüldüğü gibi burada da, yapılanlar üzerine kalbin mühürlenmesi söz konusudur.

Mekke'de kâfirler güçsüz Müslümanlara işkence ediyorlardı. Hatta işkenceyle Ammar b. Yasir'e küfür sözü bile söylettiler. Bunun üzerine o müşriklerin durumu konusunda âyet şu değerlendirmeyi yapmıştı:

"İşte bunlar, Allah'ın kalplerini, kulaklarını ve gözlerini mühürlediği kimselerdir. Ve onlar gafillerin ta kendileridirler."[38]

Ayete göre, yalnız kalpler değil, kulaklar ve gözler de yapılanlar yüzünden mühürlenebilmektedir. Öylelerinin gönülleri, gözleri, kulakları olduğu halde; onlar gerçekleri anlamazlar, görmezler ve duymazlar, böylece farklı yorumlar ve tevillerde bulunurlar.

Bir başka ayet de Medine münafıklarının kalplerinin mühürlendiğini şöyle anlatır:

"Onlar arasında öyleleri vardır ki, seni dinler, fakat senin yanından çıkınca, kendilerine bilgi verilmiş (marifet ihsan edilmiş) kimselere şöyle derler: 'Az önce o ne demişti?' İşte bunlar, Allah'ın kalplerini mühürlediği, hevalarına (Allah'ın emirlerine değil de arzu ve düşüncelerine) uyan kimselerdir."[39]

---

[36] *Nisa,* 4/155; Taftazani, *Şerhu'l-Makasıd,* IV, 310-311.

[37] *Tevbe,* 9/93.

[38] *Nahl,* 16/108.

[39] *Muhammed,* 47/16.

Görüldüğü gibi münafıklar (küfürlerini gizleyenler) gelip Hz. Peygamber'i dinliyorlar, fakat dediklerini anlamıyorlardı. Çünkü yaptıkları yüzünden kalpleri mühürlendiği için kendi düşünce ve arzularını tanrılaştıran insanlardı.

Mekke'de indirilen Araf Suresinin iki ayeti de, kalbin mühürlenmesinden şöyle söz etmektedir:

"Önceki sahiplerinden sonra yeryüzüne varis olanlara (Mekkeli müşriklere ve benzerlerine) hâlâ şu gerçek belli olmadı mı ki; dileseydik onları da günahları yüzünden musibetlere uğratırdık ve kalplerini mühürleriz de artık (gerçekleri) işitmezler. İşte o (sahipleri helak edilmiş) ülkeler... Andolsun ki peygamberleri onlara apaçık deliller (mucizeler) getirmişlerdi. Fakat (önceden) yalanladıklarına (o gerçeklere) iman edecek değillerdi. İşte Allah kâfirlerin kalplerini böyle mühürler."[40]

Mekke'de indirilen Yunus Suresinde de Hz. Nuh'u (a.s.) yalanlayanlar hakkında şu bilgi verilir:

"Sonra onun (Hz. Nuh'un) arkasından peygamberler de gönderdik, onlar beyyinelerle (delil ve mucizelerle) geldiler. Fakat (onlarda kâfirlik bir tabiat haline geldiğinden) önceden yalanladıklarına inanacak değillerdi. İşte (günahta) haddi aşanların kalbini böyle mühürleriz."[41]

Rum Suresinin otuzuncu ayeti, Mü'min Suresinin otuz beşinci ayeti, Tevbe Suresinin seksen yedinci ayeti ve Münafıkûn Suresinin üçüncü ayeti de kalbin mühürlenmesiyle ilgilidir. Bütün bu ayetlerde kalbin mühürlenmesi *"tabâ'a"* fiili ile anlatılmaktadır. Dilimizde matbu, matbaa, tabiat, kelimeleri de aynı kökten gelir. Şu halde Kur'an-ı Kerim'de açıkça kalbin mühürlenmesinden söz eden ve bunu hatm, reyn ve tab'la anlatan on beş kadar ayet vardır. Bunların tümünde de, hep yapılanlar yüzünden kalplerin mühürlendiği açıklanır.

---

[40] *Araf,* 7/100-101.
[41] *Yunus,* 10/74.

Öyleyse *"mühürlenen kalpler nasıl sorumlu tutulabilir?"* sorusu yerine belki şöyle denilmelidir: *"İnsanlar kalplerinin mühürlenmesine sebep olan eylemlerinden sorumludurlar."*

18. Allah'ın İradesi

Soru: *"Kur'ân-ı Kerim'de Allah'ın iradesinin varlığı konusunu açıklayan ayetler var mıdır?"*

Cevap: Kur'ân-ı Kerim Allah'ın mutlak, nisbî ve izafî olmayan bir irade sahibi oluşunu aşağıdaki ayetlerle açıkça ortaya koyar:

"Allah'ın şanı, bir şeyin olmasını dilediği zaman ona sadece 'ol' demesi yeter, o da oluverir."[42]

"Rabbin dilediğini yaratır ve seçer. İrade ve serbestlik onların değil (Allah'ındır). Allah yücedir, onların ortak koştuklarından uzaktır."[43]

"O her dilediğini mutlaka yapandır."[44]

"O yaptığından sorumlu değildir, onlar (insanlar) ise sorumlu tutulacaklardır."[45]

19. İnsanın İradesi

Soru: *"Kur'ân ayetleri insanın iradesi olduğundan söz eder mi?"*

Cevap: Kur'ân-ı Kerim, Allah'ın iradesi yanında, beşerî iradeden de söz eder. Allah'ın iradesinin varlığı insanın iradesinin yokluğunu gerektirmez. Bu konuya açıklık getiren ayetlerden bazıları şunlardır:

---

[42] *Yasin,* 36/82; Allah'ın iradesi bkz. Taftazani, *Şerhu'l-Akâid,* s. 145, 165, 203; Bilmen, *Mülahhas,* s. 44-45, 85.

[43] *Kasas,* 28/68; *En'âm,* 6/125; *Nahl,* 16/93.ayrıca bkz. Watt, s. 113, 130.

[44] *Burûç,* 85/16; Ramazan Efendi, s. 162-164.

[45] *Enbiya,* 21/23; Gazalî, I, 231, 278, 281, 831; Mehmed Vehbi, *Akâid-i Hayriye,* s. 29-30.

"De ki, 'Kur'ân Rabbinizden gelen bir hak/gerçektir. Artık dileyen iman etsin, dileyen küfretsin."[46]

"İçinizde (hayırda) ileri gitmek veya geri kalmak isteyene, insanoğlunu uyarıcı olarak anlatılan Cehennem büyük olaylardan biridir."[47]

"Kim bir fenalık yapar yahut (günah işleyerek) kendine zulmeder de Allah'tan mağfiret dilerse, Allah'ı çok bağışlayıcı ve merhametli bulacaktır. Ve kim bir günah kazanırsa, onu kendi aleyhine kazanmış olur. Allah her şeyi bilici ve hikmet sahibidir."[48]

Bu ayetler gösteriyor ki, insanın hür iradesi ve ihtiyarı (kararı, seçmesi) vardır. Dileyen iman edebilir, dileyen de kâfir olur. Ayrıca insanlar günahı seçme ve işleme iradesine sahiptirler. Dileyen günahtan dönüp, Allah'tan af ve mağfiret de dileyebilir. İradesi ile hayırda ileri gitmek veya geri kalmak isteyen için Cehennem bir uyarıcı olarak haber verilmiştir. *"Allah dilemeyince siz dileyemezsiniz."*[49] Buyrulmuş olsa da, insan doğruyu ve yanlışı seçiminde hür iradesini kullanır. Cüz'î irade denilen insan iradesi, küllî irade denilen İlahî iradenin karşıtı değildir. İnsan daima tercihlerini yapabilir. Kul isteyince Allah, iman etmesini, küfretmesini, iyilik ya da kötülük işlemesini diler ve mümkün kılar.[50] İnsan iradesinin varlığını vicdanıyla bilir.[51]

20. İrademiz Dışındaki Kader

Soru: *"İnsanın iradesi dışında, onu ilgilendiren konular ve mukadderat var mıdır?"*

Bu soruya iki açıdan cevap verilebilir:

---

[46] *Kehf,* 18/29; ayrıca bkz. Watt, s. 118, 130, 242-244; Mehmed Vehbi, *Akâid-i Hayriye,* s. 28-30; Mutlu, s. 9-12.

[47] *Müddesir,* 74/35-37.

[48] *Nisa,* 4/110-111.

[49] *İnsan,* 76/30.

[50] Gölcük, *İslâm Akâidi,* s. 178, 202.

[51] Ramazan Efendi, s. 185, 192, 196; Koçar, s. 246.

1) İnsanın iradesi dışında olan, insanın mecbur olduğu, *"ıztırarî kader"* vardır:

İnsanın şu zaman ve çağda, şu mekânda yaratılması, şu veya bu ırktan olması, rengi, boyu posu, cinsiyeti, nerede ve ne zaman öleceği gibi hususlar, bunlar insanın iradesine bağlı olmayan İlahî tercih ve takdirlerdir. Bu açıdan insan bunlardan sorumlu tutulamaz, bunlarla cezalandırılmaz ve ödüllendirilmez.[52] Çünkü bunlarda insanın iradesi ve ihtiyarı söz konusu değildir. Bunlar Allah'ın tercih ve takdiridir. Bir ayette açıklandığı gibi, *"Allah kimseyi gücünün yeteceğinden başkasıyla sorumlu tutmaz."*[53]

2) Allah, insanda, onun kudret ve iradesi dışında yarattığı fiillerde de onu mesul/sorumlu tutmaz. Bedenimizde isteğimiz dışında her an pek çok şey yaratılır. Meselâ kalp kaslarımız isteğimiz dışında onun iradesi ve yaratmasıyla çalışır ve kasılırlar. Bunda insanın iradesi ve kesbi yoktur. Ayrıca, istemediğimiz halde, kudret ve irademiz haricinde olarak, bir hastalıktan dolayı elimiz titreyebilir. Titreme irade dışı, gayr-ı iradî olduğu için bundan da sorumlu tutulmayız.[54]

Allah insanları, kulun kudret ve iradesi dâhilinde olan fiillerinden ve eylemlerinden sorumlu tutar. Meselâ görmek ıztırarî bir fiildir. Biz görmekten dolayı hesaba çekilmeyeceğiz; ancak bakışımızın yönünü tayin etmemizden mesul olacağız. Çünkü bakışın yönünü tayin etmek irademize bağlıdır. İrademiz dışında aniden bir haramı görebiliriz. O sırada hemen gözümüzü ondan çevirebiliriz. Bakışı uzatır ve tekrar harama bakarsak bundan sorumlu oluruz. Çünkü bakışı uzatmak ve tekrar o harama bakmak irademizle gerçekleşmektedir. Hz. Peygamber (a.s.m.) bir gün Hz. Ali'ye (r.a.) şöyle demişti:

"Birinci bakış lehine, ikinci bakış aleyhinedir."[55]

---

[52] Gazali, I, 286; Ömer Nasuhi, *Mülahhas,* s. 44, 86; Koçar, s. 251; Mutlu, s. 18-21.

[53] *Bakara,* 2/286; Taftazani, *Şerhu'l-Akâid,* s. 215; Gazali, I, 286; Koçar, s. 251.

[54] Sâbûni, *Maturidiyye Akâidi,* s. 141; Gölcük, *İslâm Akâidi,* s. 195.

[55] Mutlu, s. 18 (Ebu Davud, Sunan, II, 246, nr.2149; Mansur Ali, II, 366'den).

Burada *"birinci bakış"*tan kasıt, aniden bir haramın göze çarpması, iradesiz olarak görülmesidir. İkinci bakış ise, iradeli olarak harama nazardır.

21. Sadaka Ömrü Uzatır mı?

Soru: *"Dua, sadaka veya sıla-i rahim kaderde süresi belli olan ömrü uzatır mı, kaderi değiştirir mi? 'Sadaka belayı def eder, sadaka ömrü uzatır' sözlerini nasıl anlamalıyız?"*

Cevap: Hz. Peygamber (a.s.m.) bir sözlerinde şöyle buyurmuştu: *"es-sadakatu tezîdü'l-umra= Sadaka ömrü uzatır."*[56] Hadis şöyle de rivayet edilir: *"Kim rızkının genişletilmesi ve ecelinin geriye bırakılmasını arzu ederse, sıla-i rahim yapsın."*[57]

Bu iki hadis-i şerif, gösteriyor ki, sadaka ve sıla-i rahim (akrabalarla iyi ilişkiler, onlara yardımcı olmak) ömrü uzatır.

Sadaka ve sıla-i rahimin ömrü uzatması (ziyadesi) şöyle açıklanır: Bir insanın ömrünün elli yıl olacağı Allah'ın ilminde vardı. Ama Allah onun sıla-i rahim yapacağını ve sadaka vereceğini de biliyordu. Bu sebeple onun ömrünün yetmiş yıl olacağını da bilmekteydi. Buna binaen o kimse yetmiş yıl yaşayacaktır. Fakat bu yirmi ömrün uzaması olarak değerlendirilmiştir.[58]

Aslında ecel birdir ve değişmez. Ecelin değişmesi asla söz konusu değildir. Bu da "ecel-i müsemma" olarak adlandırılır. Bir kimse eceli gelmeden ölmeyeceği gibi, eceli (ölüm anı) geldikten sonra da geriye bırakılmaz. Öyleyse bir kişinin ne kadar yaşayacağı, nerede ve ne zaman öleceği Allah'ın ilmi ve takdirinde bellidir. Bazı âlimlere göre ömrün artmasından maksat, ömrün hayır ve iyilik yönünden artması, kedersiz ve üzüntüsüz olmasıdır.[59]

---

[56] Sâbûni, *Maturidiyye Akâidi,* s. 159; (Bkz. Buhari, VII, 72, tıb, 12; Müslim, nr. 2557, birr, nr. 6; Ebu Davud, I, 393, zekât, 45).

[57] Sâbûni, *Maturidiyye Akâidi, s.* 159; Mehmed Vehbi, *Akâid-i Hayriye,* s. 46.

[58] Sâbûni, *Maturidiyye Akâidi,* s. 160; Gölcük, *İslâm Akâidi,* s. 178, 203.

[59] Taftazani, *Şerhu'l-Makâsıd,* IV, 316; Ramazan Efendi, s. 212; Aydın, s. 378.

Ayet-i kerimeler de konuyu açıkça beyan ederler:

"Eceli gelince bir kimsenin ölümünü Allah geciktirmez. Allah tüm yaptıklarınızdan haberdardır."[60]

"Şüphe yok ki, Allah'ın takdir ettiği ecel (ölüm anı ve ölüm) gelince geri bırakılmaz."[61]

"O sizi çamurdan yaratan, sonra eceli takdir edendir. Ve ecel de onun katında belli (müsemma)dır."[62]

Ayetlere göre de ecel birdir, değişmez. Allah bir kimsenin ecel ve ölümünü geciktirmez. Kişi eceli gelince mümît olan Allah tarafından şu veya bu sebeple öldürülür.[63] İnsanları dilediği zaman ve mekânda topraktan yaratan O olduğu gibi, dilediği zaman ve mekânda eceli gelince öldüren de O'dur. Ecel, vakit, vade, süre müddet ve ömrün sonu anlamlarına gelen bir kelimedir. Ve Allah'ın tayin ve takdiriyledir. Bu açıdan kaderimizi ve kader içinde olan eceli değiştirmek mümkün değildir.

22. Hidayeti Allah Veriyorsa

Soru: *"Bir ayette şöyle buyrulur: 'Fe innellâhe yudıllü men yeşâu ve yehdî men yeşâu = Mutlaka Allah, istediğini saptırır, istediğini hidayete erdirir.'"*[64]

Hz. Peygamber (a.s.m.) amcası Ebu Talip Müslüman olmadan ölünce üzülmüştü. Bunun üzerine Yüce Allah şu ayeti indirdi:

'İnneke lâ tehdî men ahbabte velâkinne'l-lâhe yehdî men yeşâu = Gerçekten sen, sevdiğini hidayete erdiremezsin. Fakat Allah kimi dilerse ona hidayet verir.'[65]

---

[60] *Münâfikûn,* 63/11; Taftazani, *Şerhu'l-Akâid,* s. 222, 223.

[61] *Nuh,* 71/4; Ayrıca bkz. *Fâtır, 35*/11; Taftazani, *Şerhu'l-Makâsıd,* IV, 316.

[62] *En'âm,* 6/2; Ayrıca bkz. Gölcük, *Kelam Açısından İnsan ve Fiilleri,* s. 251 vd.

[63] Bkz. *Mülk, 67*/2; *Araf,* 7/34; *Yunus,* 10/49; *Nahl,* 16/40.Taftazani, *Şerhu'l-Akâid,* s. 222-223.

[64] Fâtır, 35/8; Taftazani, *Şerhu'l-Akâid,* s. 227, 196, 156; Watt, s. 113, 125, 242.

Kur'ân-ı Kerim'in onlarca ayeti de Allah'ın dilediğini doğru yola ilettiğinden, dilediğini saptırdığından söz eder.[66] Ayrıca Kur'an ayetleri, Allah'ın zalimleri, kâfirleri, fâsıkları, hainleri, kâzibleri, müsrifleri hidayete erdirmeyeceğini de açıklarlar.[67] Hidayeti Allah dilediğine verecekse, bu konuda bizim irademizin durumu ve onun fonksiyonu nedir?"

Cevap: Allah'ın hidayet vermesi ve hidayete erdirmesi demek, insanda hidayetlenmeyi yaratması demektir. Saptırması (idlâli) da onda sapıklığı yaratmasıdır.[68] Nasıl biz irademizle kolumuzu kaldırmak isteriz, Allah o sırada *"kaldırma"*yı yaratır, adım atmak isteriz, bacağımızda kasların hareketini yaratır, bir yere ve objeye bakmak isteriz, o görüşümüzü bakmak istediğimiz şeye ve objeye çevirir, gözün hareketini ve görmesini yaratır; bir şeyi konuşmak isteriz, ağız hareketlerini yaratarak konuşma gerçekleşir. Aynen bunun gibi; hidayet ve sapıtma (idlâl) da; kulun iradesi ile seçimi (ihtiyarı) üzerine; Allah'ın onda hidayet ve sapıklığı yaratmasıdır.[69]

Şöyle bir misalle de konuya açıklık getirebiliriz: Güneşe bakan bir penceremiz olduğunu düşünelim. Bu pencerenin perdesi açma düğmesine basınca açılsın, kapatma düğmesine basınca da kapanmış olsun. Biz güneş ışığının eve girmesini istediğimiz an, *"aç"* düğmesine basarız ve düzenek perdeyi açar. Perdeyi kapatmak isteyince de *"kapat"* düğmesine basarız ve perde kapanacaktır.

Örnekte olduğu gibi; iradeyle bir şeyi istemekle, biz sanki düğmeye basmış oluruz. Bu istek üzerine Allah, düğme doğrultusunda,

---

[65] *Kasas,* 28/56; Sarıcık, *Çağrı,* s. 212-213.

[66] *Bakara,* 2/26, 143, 213, 272; *En'âm,* 6/88; *Yunus,* 10/25, 35; *Ra'd, 13/27, İbrahim, 14/4, Nahl, 16/37, 93; Hac, 22/16; Nur, 24/35, 46; Rum, 30/29; Ahzab, 33/4; Sebe,* 34/6; *Zümer,* 39/23; *Şura,* 42/13; *Cin,* 72/2; *Müddesir,* 74/31.

[67] Bu konuda örnek olması bakımından aşağıdaki âyetlere bakınız: *Bakara,* 2/26, 258, 264; *Al-i İmran,* 3/86; *Maide,* 5/51, 67, 108; *Tevbe,* 9/19, 24, 37, 80, 109; *Yusuf,* 12/52; *Nahl,* 16/107; *Kasas,* 28/50; *Zümer,* 39/3; *Gâfir, 40*/28; *Ahkâf,* 46/10; Saf, 61/5, 7; *Münafıkûn,* 63/6.

[68] *Zümer,* 39/7; *Saffat,* 37/96; *Ra'd,* 13/36.Taftazani, *Şerhu'l-Akâid,* s. 203, 227; Sabuni, s. 163.

[69] Gazali, I, 281, 282; Taftazani, *Şerhu'l-Akâid,* s. 227, 198, 235, 239; Ramazan Efendi, s. 216-218; Bilmen, *Mülahhas,* s. 45, 84, 87; Mutlu, s. 63, 52-53, 55, 57.

istediğimizi yaratacaktır. Hidayeti isteyen perdeyi açmak istemiş ve *"aç"* düğmesine basmıştır. Bunun üzerine Allah küfür perdesini açar ve onun gönül evi içine iman ışığını gönderir. İnkâr etmek isteyen de perdeyi kapatmak istemiş ve *"kapat"* düğmesine basmıştır. Bunun üzerine Allah, iman ışığına karşı onun kalp evinin perdesini kapamış ve onda sapıklığı ve küfrü yaratmış olur.

Televizyon karşısına geçen biri eline kumandayı alır, düğmelerle kanalları seçer. Burada da kumanda cihazı, irade cihazımıza benzer. Kanallarda iyi ve kötü programlar vardır. Biz özgür iradem izle istediğimiz programa ve kanala girebiliriz. Televizyondaki programı yapan başkası olsa da, o programa girmek isteyen ve düğmeye basarak giren başkasıdır. Kanal seçme gibi, hayatta da sürekli tercihler yaparız. Küfür ve günah kanallarından birini seçmek istersek, yalnız onun düğmesine basmamız yeterlidir. Hidayette de durum böyledir.

Aşağıdaki hikâye de konunun anlaşılmasına yardım eder:

Sekiz katı zemin üzerinde, yedi katı toprak altında olan on beş katlı bir apartman var. Apartmanın bir de asansörü bulunuyor. Her katta büyük bir daire yer alıyor. Apartmanın on beşinci katındaki daire ise en güzel dairesi. On dördüncü kattaki daire bunun kadar güzel değil. On üçüncü kattaki daire ve ondan sonrakilerin güzelliği ve kalitesi kademe kademe azalıyor. Yedinci kattaki daire ise kötü ve insanın oturabileceği bir daire değil. Bundan aşağıdaki daireler ise gittikçe kötüleşen meskenler. En alttaki daire ise vahşi hayvanlarla, yılanlarla, akreplerle, aslan ve kaplanlarla dolu. Asansörün başında bekleyen görevli apartmanı ziyarete gelenlere her dairenin nasıl olduğunu anlattıktan sonra şöyle diyor:

"Buyrun, asansör önünüzde. Hangi katın düğmesine basarsanız asansör sizi oraya götürecektir."

Ziyarete gelenler asansöre girince, istedikleri kata ve daireye gitmek için gerekli düğmeye basıyorlar.

Hikâyede geçen asansör düğmeleri irademize benzer. Asansör görevlisi hayatta bize iyiyi ve kötüyü anlatanı temsil eder. Bizler sorumluluk yaşına geldiğimizde bu asansöre bindik. Artık hangi düğmeye basacağımıza hür irademizle karar veriyoruz. İstersek on beşinci katın düğmesine basıp en güzel daireye gidebiliriz. Yine istersek en alt katın düğmesine basar, aslanlarla ve kaplanlara yem olabiliriz. En üstteki sekiz daireyi sekiz Cennete benzetirsek, aşağıdaki daireleri de Cehennemin tabakaları olarak düşünebiliriz.

Burada görevimiz ve bize düşen, iyi seçim yapıp iyi dairelerin düğmesine basmaktır. İrademizle istediğimizi Allah'ın yaratması da asansörün hareketine benzer. O irademizle istediğimizi yaratmaktadır. Tabiri caizse, asansörü hareket ettirmektedir.

23. İntihar Eden Eceliyle mi Ölür?

Soru: *"İntihar eden veya öldürülen kişi eceli ile mi ölmüştür?"*

Cevap: İnsan, ne zaman, nerede, hangi ırk ve cinsiyetle doğacağına kendi karar vermediği gibi, ne zaman, nerede, ne sebeple ve nasıl öleceğini de bilemez. Bu açıdan ecel bilinmeyenler (mugayyebât) içinde yer alır.

Bir gün Rasulullah (a.s.m.) ashabından bazı kimselerle otururken, beyaz temiz elbiseli bir insan suretine giren Hz. Cebrail (a.s.) Rasulullah'ın önüne diz çökmüş ve ona *"İman nedir, İslâm nedir, ihsan nedir?"* gibi sorular sormuştu. Hz. Peygamber sırasıyla bunlara cevap verdi. Ardından melek şöyle sordu:

"Kıyamet ne zamandır?"

Hz. Peygamber ona cevaben *"(Bu konuda) sorulan, sorandan daha âlim değildir"* buyurduktan sonra *"Beş şey var ki onları Allah'tan başkası bilmez"* buyurmuştu.[70]

İnsanların bazı tahminlerde bulunabileceği, ama kesin bilemediği beş şey şunlardır:

1. Kıyametin ne zaman kopacağı.
2. Yağmurun nereye, ne zaman ve miktarda yağacağı.

---

[70] *Münafikûn, 63*/11; *En'âm,* 6/2; *Rum,* 30/37; Ömer Ziyaeddin Dağıstâni, *Cevâhiru'l-Buharî,* Salah Bilici Kitabevi, İstanbul, 1977, s. 29, nr. 35; Mehmed Vehbi, *Akâid-i Hayriye,* s. 65-66; ayrıca bkz. Watt, s. 111.

3. Rahimlerde (ana karnında) olan çocuğun geleceği, istikbali, karakteri, rızkı, salih veya şaki mi olacağı, maddî ve manevî siması.

4. İnsanın yarın ne yapacağı.

5. Kişinin nerede (ve ne zaman) öleceği.

Lokman Suresinin 34. ayeti de aynı hususları şöyle açıklamaktadır:

"Kıyamet saati (hakkında) bilgi ancak Allah katındadır. Yağmuru da O (istediği yere ve istediği kadar) yağdırır. Ve rahimlerde olanı (çocuğun maddî ve manevî özelliklerini, kabiliyetlerini, mukadderatını, maddî ve manevî simasını) da o bilir. Ayrıca kimse yarın ne kazanacağını da bilemez. Hem kimse hangi yerde (ve zamanda) öleceğini de bilemez. Gerçekten Allah Âîm (her şeyi bilen) ve Habîr (her şeyden haberdar olan)dır."[71]

Sadaka ve sıla-i rahimin ömrü uzatması ile ilgili konuda açıkladığımız gibi; ecel birdir, değişmez, değişmesi söz konusu değildir. Bu *"ecel-i müsemma"* olarak anılır.[72] Ve eceli gelen ölür. Ölüm geriye bırakılmadığı gibi önceye de alınmaz.

Ölüm sebepleri farklı olabilir, insanlar farklı hastalıklar sebebiyle öldükleri gibi bir kaza sonucu, yanma, boğulma, düşme, çarpma gibi sebeplerle de ölebilirler. Birinin darbesi veya ateşli silahla da ölenler vardır. İnsan başkası tarafından öldürüldüğü gibi, kendi kendisini de öldürebilir. Kendini öldüren, herhangi bir sebeple ölen herkes eceliyle, eceli geldiği için ölmüştür. Ölümü nasıl takdir edilmişse, kaderde nasıl yazılmışsa öyle gerçekleşir. Bu açıdan intihar eden eceliyle öldüğü gibi, öldürülen, kaza ile ölen veya herhangi bir hastalıktan ölen de eceliyle ölmüştür.[73] Kendini öldüren veya başkası tarafından öldürülenin eceli öne alınmış da değildir.

24. Vurulmasa Ölecek miydi?

Soru: *"Katil birisini silahla vurdu ve adam öldü. Vurulmasaydı adam, yine o zaman ölecek miydi?"*

---

[71] *Lokman,* 31/34.

[72] En'âm, 6/2; Taftazani, *Şerhu'l-Makâsıd,* IV, 314; Ramazan Efendi, s. 212.

[73] Taftazani, *Şerhu'l-Makâsıd,* IV, 314-315, 316-317; Mutlu, s. 47-49

Cevap: Bu soruya iki açıdan cevap verilebilir:

Birincisi: Daha önce belirttiğimiz gibi, insanın nerede, hangi mekânda, ne zaman ve hangi sebeple öleceği/eceli önceden bilinemez.

Kimsenin ne zaman ve nerede öleceğini bilemediğimize göre *"adam vurulmasaydı ölecekti"* veya *"vurulmasaydı ölmeyecekti"* diyemeyiz. Onun ecelinin ne zaman olduğu bilinmeli ki, *"vurulmasaydı ölecekti, ölmeyecekti"* denilebilsin. Bu takdirde katil ateş etmeseydi, adam ölecek miydi sorusuna şöyle cevap verebiliriz:

"Kimsenin ecelinin hangi sebeple, ne zaman ve ne zaman, nerede ve hangi sebeple geleceğini bilmiyoruz. Bu takdirde 'adam ölecekti' de diyemeyiz, 'ölmeyecekti' de."

Bu durum bizce meçhuldür. Eğer adamın eceli gelmişse o sırada bir başka sebepten ölebilir. Eceli gelmemişse ölmeyecektir.[74]

Biz insanların ecelini/ölüm vaktini; ancak öldükleri zaman bilebiliriz. *"Adam, şu zamanda, şu mekânda, şu sebepten öldü"* deriz. Kişi ölmeden önce, asla onun hangi sebeple, nerede ve ne zaman öleceğini bilemeyiz. Bu bir gayp bilgisidir ve Allah katında saklıdır. Ama bilinmeyenler (mugayyebât) konusunda bazı tahminler yürütebilir. Bazı zan ve kanaatlerde bulunabiliriz.

Meselâ bir doktor hastası için bir ömür *"tahmin"* edebilir: *"Bu hasta dört yıl yaşar, beş yıl yaşar"* diyebilir. Ama bu ancak zan/kanaattir, tahmindir. İlim (kesin bilgi) değildir. Bazı tecrübeler ve araştırmalar ışığında, bu tür tahminler yapılabilmektedir. Ayrıca, bazı işaretler ve alâmetlerden sonra bu tahminlere gidilir. Şu kadar var ki; *"dört yıl yaşar"* denilen hasta, iki yıl sonra da ölebilir. Beş yıl da yaşayabilir. Burada doktorun yaptığı ecel konusunda bir tahmindir.

Hayat içinde hemen her konuda tahminler yapılır. Meselâ çiftçiler hasat konusunda konuşurlar:

"Bu yıl ürün iyi olacak."

Öğretmen öğrenci konusunda tahmin yapar:

---

[74] Mutlu, s. 49-50.

"Ahmet Türkçe dersinden zor geçer."

Adam ayakkabısı konusunda tahminde bulunur:

"Bu ayakkabı üç yıl gider."

Birisi arsa fiyatında tahmin yürütür:

"Arsayı yüz milyona alabiliriz."

Radyo yarınki hava şartları konusunda tahminini açıklar:

"Sağanak yağışlı ve parçalı bulutlu..."

Bütün bu tahminler zan ve kanaattir; bu açıdan kesinlikleri yoktur. Ecel konusundaki tahminler de böyledir.

25. Sebep–Müsebbeb (Sonuç) İlişkisi

"Katil öldürmeseydi, adam yine o zaman ölecek miydi?" sorusu da çokça sorulur. Bu konuya şöyle bakmak gerekir:

Yüce Allah'ın bu kâinatta, bu âlemde yürürlükte olan kanunlarından biri de *"sebep-müsebbeb"* ilişkisidir. Allah sebepsiz müsebbebi (sonucu) yaratmaz.

Bir müsebbebi bir veya birden çok sebebe bağlamıştır. Sebep-müsebbeb ilişkisi kanuna göre; müsebbeb hep sebepten sonra ve onunla birlikte gelir ve yaratılır.

Bir müsebbeb olan ölümün yaratılması için de mutlaka ondan önce bir sebep (veya sebepler) gerekir. Katil bir sebep, ölüm müsebbebtir. Bundan dolayı; *"katil öldürmeseydi adam ölecek miydi?"* diye sorulamaz. Çünkü bunu soran, sebebi olmayan müsebbebi (sonucu, sebeple meydana geleni) sormaktadır. Sebebi olmadan müsebbeb yaratılır mı? Buna *"yaratılmaz"* diyebiliriz. Ama ölümün binlerce sebebi vardır. Eğer o an adamın eceli gelmişse, katilin kurşunuyla değil de, bir başka sebeple ölebilir. *"Eceli gelmişse"* diyoruz. Ecelinin gelip gelmediğini bilmediğimiz için de, *"katil öldürmese de adam ölecekti"* veya *"ölmeyecekti"* diyemiyoruz.

Sebep müsebbeb konusu daha iyi anlaşılması için bazı sebep ve müsebbebleri peşpeşe sıralayalım:

- Ağaç sebep; meyve müsebbeb.

- Odun sebep; yanma müsebbeb.

- Ana-baba sebep; bebek müsebbeb.

- Tarla, çiftçi, sürme, ısı, ışık, nem sebep; buğdayın çimlenmesi müsebbeb.

- Güneş, ışık sebep; fotosentez müsebbeb.

- Su, ısı, ışık sebep; hayat müsebbeb.

- Bahar sebep; meyveler, çiçekler, yeşillikler müsebbeb.

Sebepleri de müsebbebleri de yaratan Müsebbibü'l-Esbâb olan Allah'tır. Yaratmada sebeplerin hakikî/gerçek tesiri yoktur. Sebepler ancak bir perde gibidir. Dışından bakan adam pencereye çekilmiş perdeyi görür, perdenin gerisinde olanı göremez. Aynen bunun gibi, akıl da Cenab-ı Hakk'ın yaptığı işlere bakınca önce sebepler perdesini görür. Sebepler perdesi arkasında işleyen kudret elini göremez. Çünkü *"izzet ve azamet"* sebeplerin kudretin icraatını perdelemesini ister. Ama insan sebepleri ve onlarla birlikte olan ve onlardan sonra gelen müsebbebleri iyice araştırırsa; sebeplerin müsebbebleri yaratmadığını ve yaratamayacağını anlar.

Burada bir iki örnek üzerinde duralım:

Ağaç sebep, meyvesi müsebbebtir. İlk anda ağacın, meyvesi olan müsebbebi yarattığını sanırız. Çünkü sürekli, *"ağaç-meyve"* ilişkisine şahit olmuşuzdur. Bu bizde bir tür şartlanma doğurmuştur. *"Ağaç"* denince *"meyve"* akla gelir. *"Bahar"* denince, çiçeğin, *"güneş"* denince ısı ve ışığın akla gelmesi gibi. Oysa biraz düşünürsek ağacın, kudret elinin bir perdesi, bir sebep olduğunu, meyveyi yaratamayacağını anlarız. Çünkü her meyve bizi bilen, ihtiyacımızı gören birisi tarafından yaratılmıştır. Rengi gözlerimize hitap ederken, tadı dilimizi okşar, dişlerimizle parçalayabileceğimiz yumuşaklıktadır. O meyve ayrıca, bedenimiz için gıda ve ilaç niteliğindedir.

"Akılsız, fikirsiz, şuursuz, bilinçsiz, insanı tanımayan, ihtiyaçlarını bilmeyen ve görmeyen bir ağaç; bu elmayı bizim için niye yaratsın ve nasıl yaratabilsin?"

Şuurlu bir fiil/eylem şuursuz birinden, akıllıca bir hareket akılsız biri tarafından yapılıyor gibi görünüyorsa, onun arkasında bir şuur ve akıl vardır. Öyleyse ağaç, bir tezgâha, bir fabrikaya benzer. Nasıl tezgâhı yapan, onun vasıtasıyla halıyı dokutuyorsa, ağacı yaratan da ona meyveyi dokutmaktadır. Yine şuursuz bir makine, şuurlu ve akıllı gibi kumaşı dokuyabiliyorsa; şuursuz bir ağaç da, şuurlu gibi meyve verebilmektedir.

Şu halde ağacı bir meyve tezgâhı ve makinesi gibi yaratan ve onda meyveyi yaratan Hallâk-ı Alîm olan (her şeyi sonsuz ilmiyle bilen ve sonsuz ilmiyle yaratan) Allah'tır. Demek ağacı da, meyveyi de yaratan O'dur.

Güneş, ısı, ışık sebep; hayat da müsebbebdir. Yani hayat bu gibi sebeplerle yaratılır. Burada sebepler olarak sayılan güneşi, ısıyı ve ışığını yaratan Allah'tır. Ayrıca, *"Muhyi=Hayat Veren"* ismiyle bu sebeplerden sonra müsebbebi (hayatı) yaratan da odur.

Ana-baba sebep; bebek müsebbebtir. Ana-babayı da, onlar sebebiyle dünyaya getirilen bebeği de yaratan Allah'tır. Yani gayet açıktır ki, Allah hem sebepleri, hem müsebbebleri yaratır. Bebek ana-babaya göre düşünüldüğünde müsebbeb; Allah'ın yaratmasına göre düşünülürse mahlûk/yaratılandır. Çocuğa sebepleri açısından müsebbeb/bebek diyebildiğimiz gibi, Allah'ın yaratması açısından da, *"mahlûk=yaratılan"* diyebiliriz.

Kader konusunda bütün müsebbeblere iki cihetle bakılmaktadır: Sebep yönünden ve Allah'ın yaratması yönünden.

Allah bazı sebeplerle müsebbeb olan hayatı verdiği, cansızları ihya ettiği gibi, bazı sebeplerle de, müsebbeb olan ölümü verir/yaratır. Kâtil sebep, ölüm müsebbebdir. Katili, onun fiillerini yaratan Allah olduğu gibi, öldürülendeki ölümü yaratan da odur. Burada öldürülene iki açıdan bakmak gerekir:

1) Kâtil açısından o bir müsebbebdir. Çünkü öldürme, kâtil sebebiyle yaratılmıştır.

2) Ölüye, Allah'ın onda ölümü yaratması (imâte) açısından da bakılmalıdır. Yani öldürülen; sebep/kâtil açısından *"maktûl/katledilen"* adını alırken onda ölümün yaratılması açısından *"mevta, meyyit (ölü)"* adını alır. Doğan çocuğa hem *"bebek"* hem *"mah-*

lûk" dediğimiz gibi, öldürülene de hem *"maktul"*, hem *"meyyit/ölü"* diyoruz. Aslında şunu anlatmak istiyoruz: Katl/öldürme, bir sebep olan kâtilin fiili/eylemidir. Ölüm ise; kâtilin fiili sonrasında Allah'ın yarattığı şeydir.[75] Ölümü yaratan Allah, katl fiilini işleyen kuldur. Anne baba, bebeğin sebebi olduğu halde, bebeği yaratmadığı gibi, kâtil de öldürmenin sebebi olduğu halde ölümü yaratmamaktadır. O sebep olarak kâtil adını alırken, Allah da ölümün yaratıcısı olarak Mümît/Öldüren adını alır. Çiftçi de tohumu tarlaya eken bir sebeptir. Ama müsebbebi yaratan, yani buğdayı çimlendiren, büyüten, besleyen ve ona can veren Allah'tır. Burada tohumu tarlaya atana *"çiftçi"*, onu orada yaratana *"Hâlık"* diyoruz.

26. "Allah'tan Başka Yaratıcı mı Var?"

Sebeplerin müsebbebleri yarattığı düşünülürse, her sebebin bir yaratıcı olduğu kabul edilmiş olur. Böylece sayısız yaratıcı ortaya çıkar. Oysa Allah'tan başka yaratıcı yoktur, Allah'tan başka bir yaratıcı kabul etmek de şirktir. Yani O'ndan başkalarını ona *"denk"* tutmaktır. Oysa O'nun, dengi, misli, benzeri, şebîhi ve nazîri yoktur. Bu açıdan da sebep ve müsebbeblerin yaratıcısı Allah'tır.

Şimdi, bu konuyu açıklığa kavuşturan bazı ayet meallerini verelim:

"O ki, yerde olan her şeyi sizin için yarattı. Sonra semayı (gökleri) istivâ etti ve onu yedi kat olarak tesviye ve tanzim etti."[76]

"O gökleri ve yeri, hak ve hikmetle yaratandır. Ve "ol" dediği gün (an) her şey oluverir."[77]

"Rabbiniz olan Allah, muhakkak ki, gökleri ve yeri altı günde (zamanda, devirde) yaratandır."[78]

---

[75] Sâbûni, *Maturidiyye Akâidi*, s. 159.

[76] *Bakara*, 2/29.

[77] *En'âm*, 6/73.

[78] *Yunus*, 10/3.

"Görmediler mi ki Allah, gökleri ve yeri (bunlar içindekileri) yaratandır; O bunların bir benzerini yaratmaya da kadirdir."[79]

"Ve Allah her (yürüyen) canlıyı sudan yarattı."[80]

"O ki, sudan insan yarattı; Ona bir soy ve sıhriyet takdir etti."[81]

"İşte bunlar (yer, gök, canlılar) Allah'ın yarattıklarındandır. 'Öyleyse bana gösteriniz. Ondan başkaları ne yarattı?' de. Hayır (gösteremezler). Zira zalimler açık bir sapıklık içindedirler."[82]

"O insanı bir kan pıhtısından yarattı."[83]

"Allah sizi yarattı, sonra da öldürecek."[84]

"O her şeyin yaratıcısıdır, öyleyse ona ibadet ediniz."[85]

"Mutlaka Rabbiniz Hallâk-ı Alîmdir. (pek çok yaratan ve her yaratmayı bilendir)"[86]

"Allah'tan başka yaratıcı mı var?"[87]

Bütün bu ayet-i kerimeler de gösterir ki; gökleri, yeri ve bu ikisi içindekileri yaratan Cenab-ı Hak'tır. O bütün sebepleri ve müsebbebleri her an yaratandır.[88] Ondan başka hiçbir şeyin yarattığı bir şey yoktur. Böyle olsaydı şerikler, ortaklar söz konusu olurdu. Oysa yaratmak sadece ona mahsustur ve bu İlah olmanın da gereğidir. Kâinatta zerre kadar şirke yer yoktur. Ayrıca Yaratan, Hayat Veren (Muhyî) O olduğu gibi Öldüren (Mümît) de odur. O her canlıya hayat veren ve eceli gelince öldürendir. Ama her canlıyı yaratırken ve öldürürken, bazı sebepleri kudretine perde yapar. Öldürme ve hayat vermede sebeplerin hakiki tesiri yoktur.

---

[79] *İsra,* 17/99.
[80] *Nur,* 24/45; Ayrıca bkz. Bilmen, *Mülahhas,* s. 46.
[81] *Furkan,* 25/54; Mutlu, s. 50-51.
[82] *Lokman,* 31/11.
[83] *Alak,* 97/2.
[84] *Nahl,* 16/70.
[85] *En'âm,* 6/102.
[86] *Hicr,* 15/86.
[87] *Fâtır,* 35/3.
[88] Yaratma konusunda ayrıca bkz. Taftazani, *Şerhu'l-Makâsıd,* IV, 219-226, 238-242, 248, 252; Ramazan Efendi, s. 186-189, 195-196.

27. "İntihar Kader midir?"

Soru: *"İntihar, evlilik veya yaşadığımız her şey kader içinde midir ve kader midir?"*

Cevap: Olmuş ve olacak her şey kaderledir ve kader içindedir.[89]

Çünkü Allah olmuş ve olacak her şeyi bilir. Bütün olmuşlar ve olacaklar ıztırarî veya ihtiyarî kader içinde yer alır. Bunun böyle olması evvela, Allah'ın olmuş olacak her şeyi bilmesindendir. Olmuş olacak her şey onun bilgisi dâhilindedir. Onun bilmediği, sonradan öğrendiği bir şey yoksa her şeyin kader içinde olduğu anlaşılır.[90]

Kader, bir okyanusa benzer. Varlık okyanusu içinde olan biz, vücut gemimizi hür irademizle istediğimiz yöne çevirir ve yürütürüz; fakat nereye gitsek ve ne yapsak kader okyanusu dışına çıkamayız.

28. Kaderden Kadere Kaçmak

Hicretin on sekizinci yılında, Hz. Ömer'in (r.a.) hilafeti döneminde Şam topraklarında bir veba salgını baş göstermişti. Hz. Ömer o sırada Medine'den Şam'a gitmek istedi. Serg mevkiinde, Şam'da veba salgınının çıktığını duydu. Sahabelerden bir kısmı Şam'a gitme, bir kısmı gitmeme taraftarıydı.

Abdullah b. Abbas konuyu ayrıntılarıyla şöyle anlatır:

"Hz. Ömer Şam beldesine gitmek üzere yola çıktı. Serg'e gelinceye kadar ilerledi. Orada askerlerin komutanları, Ebu Ubeyde b. Cerrah ve arkadaşları onu karşıladılar. Gerçekten Şam'da (o böl-

---

[89] Taftazani, *Şerhu'l-Makâsıd,* IV, 314-315; Mutlu, 46-49.

[90] Ramazan Efendi, s. 192, 212.

gede) veba olduğunu haber verdiler. Bunun üzerine Hz. Ömer (r.a.) bana şöyle emir verdi:

'Bana ilk Muhacirleri çağır.'

Ben onları çağırınca, onlarla istişare etti, kendilerine Şam'da veba salgını olduğunu haber verdi. Bu haber üzerine farklı görüşlerde bulundular. Kimi şöyle dedi:

'Sen bir iş için (yola) çıktın. Senin ondan geri dönmemeni düşünüyoruz.'

Kimi de şöyle dedi:

'Senin yanında insanların (büyüklerinden) geri kalanları ve Rasulullah'ın sahabesi var. Onları, veba üzerine göndermeni iyi bulmuyoruz.'

Bunun üzerine Hz. Ömer şöyle dedi:

'Haydi, yanımdan kalkınız.'

O, böylece istişareye son veriyordu. Biraz sonra Abdullah b. Abbas'a dönerek, şöyle şöyle dedi:

'Bana Ensarı çağır.'

Ben onları kendisine çağırınca onlara da danıştı. Onlar da muhacirlerin yolunda gittiler. Onlar gibi farklı fikirler söylediler.

Bunun üzerine o yine şöyle dedi:

'Haydi, yanımdan kalkınız.'

Az sonra o yine bana dönerek şöyle dedi:

'Bana, fetih öncesi muhacirlerinden (Mekke Fethi öncesi Müslüman olanlardan) Kureyş büyüklerinden burada olanları çağır.'

Onları çağırdım. İçlerinde iki kişi bile konu üzerinde ihtilaf etmeyip (farklı görüş bildirmediler) ve şöyle dediler:

'Gerçekten biz, insanları geri çevirmeni, veba üzerine sürmemeni düşünüyoruz.'

Bunun üzerine Hz. Ömer (r.a.) yüksek sesle oradakilere şu emri verdi:

'Ben, geri dönmek üzere hazırlanıyorum, siz de bunun için hazırlanınız.'

Bu sözü üzerine Ebu Ubeyde b. Cerrah şöyle konuştu:

'E firâren min kaderillâh = Allah'ın kaderinden kaçmak ha!"

O, olayı kaderden kaçış olarak yorumluyordu.

"Bu sözü üzerine Hz. Ömer onun muhalefetini iyi görmedi. Ve şunları söyledi:

'Ey Ebu Ubeyde, keşke bu sözü senden başkası söyleseydi.' Sonra ekledi:

'Ne'am, nefirru min kaderillâh, ilâ kaderillâh = Evet, Allah'ın kaderinden, yine Allah'ın kaderine kaçıyoruz."

Sonra bir örnekle konuya açıklık getirdi:

'Senin develerin olsa, onlardan biri otlu, diğeri kıraç iki yamaçlı bir vadiye inseler, otlu yerde yayılan da kıraç yerde yayılan da Allah'ın kaderiyle otlayacaktır değil mi?'

O sırada Abdurrahman b. Avf (r.a.) çıkageldi. O bazı ihtiyaçlarını görmek için oradan ayrılmıştı, az önce orada değildi. O da; *'Bende konuyla ilgili kesin bilgi var. Ben Rasulullah'ı şöyle derken duymuştum: 'Onun (vebanın) bir yerde olduğunu duyarsanız oraya girmeyiniz, siz bir yerde iken orada veba (taun) çıkarsa oradan kaçarak çıkmayınız'*

Bu sözler üzerine Hz. Ömer Allah'a hamd etti ve geri döndü."[91]

Olayı birkaç açıdan yorumlayabiliriz.

1. Problemlere çözüm arayışında istişareye başvurulmalıdır. Hz. Ömer de bunu yapmıştır.

2. Burada koruyucu hekimlik ve karantina uygulamasının bir örneği görülmektedir.

3. Sahabeler, çekinmeden bir konu hakkındaki görüşlerini devlet başkanına açıklamaktadırlar.

4. Konu imanın şartlarından olan kader inancıyla da ilgilidir. Olay dikkatle gözden geçirilirse, Allah'ın takdir ettiği kaderin varlığına bir delildir. Çünkü Ebu Ubeyde: *'Allah'ın kaderinden kaç-*

---

[91] Buhari, VII, 21, tıb, 30; Nevevi, s. 1046; nr. 1788; Sarıcık, *Dört Halife,* I, 384-387; Aydın, s. 23 vd.

mak ha!' demiştir.[92] Demek İslâm'da kadere iman vardır. Allah, kulların ne yapacaklarını bilmektedir ve takdir etmiştir. Hz. Ömer de develerin otlaması örneğinde Allah'ın kaderinden söz etmektedir. Ayrıca diğer Sahabeler de onları onaylamışlar, kaderin varlığı konusunda bu ikisine karşı çıkmamışlardır.

5. Diğer yandan insanın *'kaderimde varsa olur'* deyip tedbiri, önlemi bırakmaması gerekir. Hz. Ömer'in vebalı yere gitmekten vazgeçmesi de bunu gösterir. Bu kaderden kaçış değildir, kaderin dışına çıkmak olarak da düşünülemez. İnsan hür iradesini, faydalı, yararlı yönde kullanmalıdır. Bu kader vadisi içinde, bolluk ve otlu yerde devenin yayılmasına benzer.

6. Evet, kader vardır, ondan kaçış da mümkün değildir. Hz. Ömer'in belirttiği gibi, ancak kaderden kadere kaçılabilir. Kader okyanusunun bir yerinden kaçan gemi, bir başka yerine gider ve kaderden kadere kaçar.

7. Allah'ın olmuş olacak her şeyi bilmesi; kaderin varlığını zorunlu kılar. Olmuş olacak her şey kader içindedir. Hz. Ömer'in açıklamaları düşünülürse, hür iradesiyle tercihini belirleyen insanların kaderden şikâyete hakkı yoktur. Bu olay da *"doğru kader inancı"* konusunda bize önemli fikirler ve ipuçları vermektedir.

Bir keresinde Hz. Peygamber (a.s.m.) yıkılmaya yüz tutmuş bir binanın yanından geçerken süratlice yürüdü. Yanındakilerden biri bu sırada şöyle sormuştu:

"Ey Allah'ın Resulü, Allah'ın kazasından (hükmünden) mi kaçıyorsun?"

Hz. Peygamber soruya şöyle cevap verdi:

"Evet, Allah'ın kazasından, Allah'ın kaderine iltica ediyorum"[93]

Demek ki, kula düşen tedbirli davranmak ve iyi sonuca götürecek şeyleri yapmaktır. Kötü sonuç ihtimalinden kaçılmalı, iyi sonuç doğurması muhtemel olan şeyi yapmalıdır. Hz. Peygamber *"Kaderimde ne varsa o olur"* deyip, yıkılma ihtimali olan duvarın

---

[92] Mutlu, s. 70-72.

[93] Mutlu, s. 71 (Zebidi, *Tecrid-i Sarih,* XII, 221'den).

dibinde dikilmemişti. Bu durum, onun yanlış tevekkül inancına karşı olduğunu da gösteriyordu.

29. Günah İşlemeyi Düşünmek

Kader ve irade konusunda şu sorular da akla gelmektedir:

"Günah işlemeyi istedim, düşündüm, ama yapmadım, bundan sorumlu muyum?"

"Günahı düşünsem de yapmasam, bundan ceza görecek miyim?".

"Düşünüp de yapmadıklarımdan sorumlu muyum?"

"İsteğim ve iradem dışında, zihnimden geçen kötü duygu ve düşüncelerden sorumlu muyum?"

İrade konusunda yukarıdaki sorular ve benzerleri sorulabilmektedir.

İnsanın iradesi dışında, o istemeden; insanın içinden geçen, duygular, düşünceler, hayaller ve tasavvurlar. İnsan bu tür şeylerden mesul değildir, sorguya çekilmeyecektir ve ceza görmeyecektir. Çünkü bir fiilden/eylemden sorumlu olmak, ceza veya mükâfat almak için irade şarttır. İnsan ancak iradî fiillerinden sorguya çekilecektir. Bir eylemden sorumlu tutulmak için, onun irade ile yapılması şarttır. Meselâ bir kimse ölümle tehdit edilir, zorlamayla, kendisi istemeden, irade etmeden küfür kelimesini söyler, Allah'ı inkâr eder veya günah işler. O bu yaptıklarından sorumlu değildir ve ceza görmeyecektir. Çünkü burada zorla, istemeden ve irade dışı bir şeyi yaptırmak söz konusudur. Hatta inanan birine zorlama karşısında –içte imanını muhafaza ederek– küfür sözünü söylemeye ruhsat veren ayet-i kerime bile vardır. Yani ölüm tehdidine karşı buna ruhsat vardır.[94]

---

[94] *Nahl,* 16/106; Ammar b. Yasir konusuna bkz. Sarıcık, *Çağrı,* s. 124-126; Mutlu, s. 19.

Zina eden taraflardan biri, zorla, istemeden bu suça maruz kalmışsa, yaptığından sorumlu olmaz. Bütün günahlara bu anlamda örnek verilebilir.

İnsanın iradesi dışında ona gelen kötü düşüncelerden sorumlu tutulamayacağı konusunda Bakara Suresi 286. ayeti de delil getirilir. Ayet şöyledir: *"Lâ yükellifullâhu nefsen illâ vüs'ahâ = Allah hiçbir kimseye kaldıramayacağı yükü yüklemez."* Teklif-i mâlâ yutak (yapılamayacak bir şeyin yapılmasını istemek) yoktur. Aslında bu ayeti, *"Allah kimseye gücünün yetmediği şeyi teklif edemez değil, etmez"*[95] şeklinde anlamak gerekir. "Edemez" diye düşünmek, onun kudretini noksanlamak olur. O edebilme gücü ve kudretindedir. Fakat aynı zamanda rahîm'dir; pek merhametlidir; hakîmdir; yaptıklarını hep hikmetli yapar; Âdil'dir; zulümden, haksızlıktan uzaktır. Öyleyse; onun hikmeti, rahmeti ve adaleti bunu gerektirmektedir.

Bu açıdan onun emrettikleri kulun takatinin/gücünün üstünde değildir, hatta bu gücün altındadır. O aslında kullara, harec (zorluk) ve meşakkat olan şeyleri yüklemez. Onun emirlerinin tümü kullar tarafından yapılabilecek şeylerdir. Bu açıdan din kolaylıktır, onun emirlerinde gerçekte başarılamayacak derecede zorluk yoktur. Malı olmayana zekât farz değildir. Kolu olmayana abdestte onu yıkaması emredilmemiştir. Teklifler ve emirler hep kulun gücü ve takatiyle mütenasiptir.[96] Bu açıdan zihne, hayale ve kalbe istenmeden gelen ve önüne geçilemeyen şeylerde sorumluluk yoktur.

Nisa Suresi 40. ayetinde geçtiği üzere: *"İnnallahe lâ yazlımu miskâle zerratin = Allah, zerre kadar (bile) zulmetmez."*

Hz. Peygamber, bu konuyu açıklığa kavuşturan bir sözlerinde şöyle buyurmuştu:

"Mutlaka Allah, ümmetimin kalplerindeki kötü arzu ve eğilimlerini, konuşmadıkları ve yapmadıkları sürece affetti."[97]

Rasulullah'ın bu konuyu ilgilendiren açıklamalarından biri de şöyledir:

---

[95] Yazır, II, 997.

[96] Yazır, II, 997-998.

[97] Mansur Ali, *Tâc Tercümesi,* I, 40. nr. 32.

"Mutlaka Allah, ümmetimden hata/yanlışlık, unutkanlık ve zorlama sonucu olan günahı kaldırdı."[98]

Mesela bir kimse, bir olay olduğunu sanarak, yanlış hatırlayarak o şey hakkında yemin eder, ama hata neticesi bunu yaptığı için ondan sorumlu tutulmaz. Oruçludur, unuttuğu için orucunu yer ve bundan sorumlu olmaz. Namazı unutur, kılmaz. Bunda da durum aynıdır. Diğer yandan muztar/mecbur bırakılır, zorlanır; ölümle tehdit edilir ve kendisine zorla günah işletilir. O bundan da sorumlu tutulmayacaktır. Hata, zorlama ve unutma ortadan kalkınca, emredilenler yapılır.[99]

Rasulullah bu konuda ayrıca şöyle buyurmuştu:

"Yasakladıklarımdan kaçınınız; emrettiğimi de gücünüzün yettiği kadar yapınız."[100]

"Mutlaka din kolaylıktır. 'Çok amel işleyeyim' diye dine galip gelmek isteyen mağlup olur (bu konuda başarılı olamaz). Öyleyse doğru olunuz. (en mükemmelini yapamazsanız), ona yakın olanı yapınız..."[101]

30. İradeyle İçten Geçenler

İnsanın iradesiyle, isteyerek kalbinden geçen duygular, fikirler, hayaller ve tasavvurlar da vardır. Bunlar da eyleme dönüştürülenler ve dönüştürülmeyenler olarak ikiye ayrılırlar. Vücut organlarıyla eyleme dönüştürülmediği halde kalbin fiilleri olarak içte gerçekleşen kötü fiillerden insan ceza görecek, sorumlu tutulacaktır. Mesela, görünüşte eyleme dönüştürülmemiş görülen fakat içte kalbin fiili olarak gerçekleşen küfür, haset, kibir,[102] su-i zan, Allah'tan korkmamak, ihlâssızlık, tevekkülsüzlük, utanmazlık, şerre taraftar-

---

[98] *A.g.e.*, I, 41. nr. 34.

[99] *A.g.e.*, I, 42.

[100] *A.g.e.*, I, 64, nr. 64.

[101] *A.g.e.*, I, 74, nr. 78.

[102] Bilmen, *İslâm İlmihali* s. 490 vd. Niyazi Beki, *Zafer Dergisi*, Haziran 2008, sayı, 378, s. 52

lık, küfre rıza, merhametsizlik, şükürsüzlük, tembellik, kin, düşmanlık vb...

Bu fiiller organlarda eyleme dönüşmemiş halde içte bulunabilirler. Bunlar kalbin fiilleri olarak iradeyle gerçekleştikleri için sorumluluk gerektirirler. Bu açıdan irademizle kötü düşünceler içinde olmamamız, kötü hasletlerle mücadele etmemiz gerekir.

Hz. Peygamber, özellikle bu konuyu ilgilendiren bir açıklamalarında şöyle buyurmuştu:

"Mutlaka Allah hasenat ve seyyiatı (iyilikleri ve kötülükleri takdir etti ve Levh-i Mahfuz'da) yazdı. Sonra bunları (meleklere ve mükelleflere) açıkladı. Bu açıdan, kim bir iyilik düşünür de onu işlemezse, Allah onu kendi katında tam bir iyilik olarak yazar, ama kim bir iyilik düşünür (içinden geçirir) ve onu yaparsa; Aziz ve Celîl olan Allah onu kendi katında, on mislinden yedi yüz misline kadar, hatta daha fazla yazar. Bir de kötü bir şey düşünüp (onu yapmaya niyet edip, sonra vazgeçer) yapmazsa, Allah onu kendi katında tam bir iyilik olarak yazar, ama o[103] *düşündüğünü işlerse, Allah onu bir seyyie/kötülük yazar."*

Bu hadis-i şerif birkaç noktaya ışık tutar:

1) Evvela kader vardır; Allah işlenecek hasene ve seyyieleri (iyilik ve kötülükleri) takdir etmiş ve Levh-i Mahfuz'da yazmıştır. Ardından bu durumu, meleklere, cinlere ve insanlara da açıklamıştır.

2) Kim bir iyilik düşünür, buna niyet eder, samimiyetle yapmayı arzular, ama hasbelkader yapamazsa, Allah onun düşünmesini, iyilik arzusunu karşılıksız bırakmaz; ona tam bir iyilik sevabı yazar. Çünkü kulun bu düşüncesi ve niyeti kalbinin amelidir. Bu dış âlemde gerçekleşmese de kulun içinde düşünce ve niyet olarak gerçekleşmiştir. Kul düşündüğü haseneyi/iyiliği yaparsa, bu takdirde Allah sevabını on katına çıkarır, bu iyiliğine on sevap yazar. Hatta bunu, kişinin durumuna, ihlâs ve samimiyetine, o iyiliği yaptığı şartlara bakarak yedi yüz katına veya daha fazlasına çıkararak yazar.

---

[103] Mansur Ali, *Tâc Tercümesi,* I, 78, nr. 82; (Buhari, Müslim, Tirmizi ve Nesei'den).

3) Bir seyyieyi/kötülüğü yapmayı düşünen, buna niyetlenen, fakat sonradan bundan vazgeçen kimse; kötülükten dönmüş, günahtan vazgeçmiştir. Burada bir tevbe, pişmanlık ve iyiliğe yöneliş gerçekleşmiştir. Allah bu iyiliğine bakarak ona bir hasene/sevap yazar. Ama kul, düşündüğü, niyetlendiği kötülüğü işlerse, ona bir seyyie/kötülük yazmaktadır.

31. Küfrü Düşünmek Küfür mü?

Soru: *"Küfrü tasavvur, tahayyül ve tefekkür küfür müdür? Dalaleti, kötülükleri, hayal etmek, tasavvur ve tefekkür etmek dalâlet ve kötülük müdür?"*

Tasavvur, zihinde bir şeye suret vermek, tahayyül hayal etmek, tefekkür de düşünmek, o konuda fikir yürütmek demektir. Bir insan hür iradesiyle küfür sayılan şeyleri tasavvur ve tahayyül edebilir. Bazı kötülükleri hayal ve tefekkür edebilir.

Daha önce, küfür, haset, kibir… gibi şeyleri isteyerek düşünmenin sorumluluk gerektirdiğinden söz etmiştik. Hz. Peygamber'in de, bir kötülüğü düşünme konusunda yaptığı açıklamalardan söz etmiştik.

Burada ise, küfrü tasavvur, tahayyül veya tefekkürün insanı imandan çıkarıp, çıkarmayacağı konusu üzerinde duracağız.

1) Önce şunu belirtelim ki, bir şeyi hayal etmek, düşünmek ve tefekkür etmek o şeyi dış dünyada gerçekleştirmek ve tahakkuk ettirmek demek değildir. Mesela insan; birini öldürmeyi hayal eder; *"elimde bir tabancam olsa, adamın kalbine iki el ateş etsem, adam yere düşse, sonra can çekişmeye başlasa ve iki dakika sonra son nefesini verse…"* diye bir hayal kurabilir. O bunu sadece hayal etmiş ve düşünmüştür; bunu hayal etmesi adamı öldürmesi demek değildir. Çünkü hayal etmekle, hayali gerçekleştirmek ayrı şeylerdir. Öyleyse adam şu an katil değildir ve ilgili makamlar da, *"sen öldürmeyi hayal etmişsin"* diye onu tutuklayamazlar. Polis onu katil olarak yakalayamaz. Adam sadece bir günahı hayal etmiştir.

Günahı isteyerek hayal etmesinden sorumlu olsa bile, katil olmamıştır.

Bazen karnımız acıkır ve sevdiğimiz yemeği hayal ederiz ve şöyle deriz:

"Şimdi, bir adana kebabı olsaydı, manzarası güzel bir yerde garson önüme getirseydi, yanına bir ayran ve bol yeşillik isteyip yeseydim..."

Böyle bir hayal kurarız. Adana kebabını yemeyi hayal etmek ayrı, onu yemek ayrı şeydir. Bu hayali kurmakla, kebabı yemiş olmayız ve karnımız da doymuş olmaz. Çünkü hayal ettiğimiz şeyi yemedik ve sadece yemeyi hayal ettik. Hayal etmek yemek demek olsaydı; kimse para vererek Adana kebabı yeme zahmetine girmez, oturduğu yerde hayal kurarak karnını doyurabilirdi.

Bir öğrenci de üniversiteye gittiğini, idealindeki fakülteyi kazandığını, hatta oradan mezun olup iyi bir iş kurduğunu hayal edebilir. Bu, sadece bir hayaldir, bir tasavvurdur ve gerçekten farklıdır. Tasavvurla tahakkuk bir değildir. Bunu hayal eden üniversiteye girmiş ve iş kurmuş sayılmaz. Böyle olsaydı, herkes hayal ettiği okulu kazanır, hayal ettiği işi kurar, hayal ettiği zenginliğe, makama ve mevkie bir dakikada ulaşırdı.

Diğer yandan, evlilik hayatı iyi gitmeyen biri, hanımını boşamayı düşünüp hayal edebilir. Ama bunu düşünen ve hayal eden hanımını boşamış sayılmaz. Boşanmış olmak için bu hayal ve düşünceyi gerçekleştirmesi, bunu azim ve iradesiyle tahakkuk ettirmesi gerekir.

Şu halde tahayyül, tasavvur ve tefekkür başka; hayali kurulan, düşünülen şeylerin gerçekleştirilmesi ve tahakkuku başkadır. Vermeyi hayal etmekle vermek, namaz kılmayı hayal etmekle kılmak; oruç tutmayı düşünmekle tutmak, küfrü hayal etmekle küfre girmek de farklı şeylerdir.

2) Bir şeyi hayal edebilir, tasavvur edebilir veya düşünebiliriz. Bunun gerçekleşmesi için, iradenin bunu tasdiki, yani onaylaması gerekir. Hayal edilen, düşünülen şey, iradece onaylanmadıkça gerçekleşmez.

Bir ilim adamı *"Düşünce Tarihi"* veya *"Ekonomi Teorileri"* dersinde Marksizm'i okutmaktadır. Marksizm'i öğrencilerine öğretebilmesi için önce kendisi okuyup anlamalıdır. Bu açıdan zaman zaman Marksist düşünceyi ve düzeni, hayal ve tasavvur ederek, bu konuda akıl yürütecek ve düşünecektir. Bu kişi Marksizm'i hayal ve tasavvur ettiği, onu bildiği ve düşündüğü için Marksist olmaz.

Onun Marksist olabilmesi için; iradesiyle onu kabul etmesi ve hür iradesiyle tasdiki/doğrulaması ve onaylaması gerekir. Ama şeytan bazı safdil insanlara hayal ve tasavvur etmeyi, tasdik etmek ve doğrulamak olarak yutturmak ister: *"Sen bunu düşünüp hayal ettiysen Marksist oldun, bunu onayladın"* der. Bu, *"Namaz kılmayı düşündüysen namaz kıldın, intihar etmeyi hayal ettiysen intihar ettin"* demek gibi bir şeydir ve doğru değildir. Çünkü bir şeyi hayal etmek başka, onu iradeyle kabullenmek, doğrulamak ve onaylamak başkadır.

Hayal ve fikir bir aynaya benzer. Zehirli yılan insanı öldürür, ama aynada görülen yılan bizi zehirleyemez.[104] Televizyon ekranında görülen yangın, ekranı yakmaz; ateşin fotoğrafına elimizi dokundurabiliriz. Çünkü bu saydıklarımız; bir bakıma gerçek yılanın, gerçek yangının veya ateşin hayallerine benzerler. Ateş yakıcıdır, fakat onun hayali yakmaz, yılan öldürücüdür, lakin televizyon ekranında görüleni bizi zehirleyemez. Ekrandaki bir sel felaketiyle evimizi su basmaz, orada bize doğru ateş eden bir caninin kurşunu ile de ölmeyiz.

Hayal ve fikir aynasına yansıyan, dalalet, şirk ve benzerleri de bu misallerde olduğu gibi bizi imandan çıkarmaz. Çünkü küfrü hayal küfür olmadığı gibi; şirki, inançsızlığı hayal ve tefekkür de şirk değildir.

32. Kaderle İradenin Tevfîki

Soru: *"Hem kader, hem irade nasıl mümkün olur ve birbiriyle uyuşur?"*

---

[104] Nursi, *Lem'alar,* s. 68; (Altıncı İşaret).

Kader konusunda en önemli hususlardan biri de, kaderle iradenin (cüz-i ihtiyarî) çatışmadığının, birbirine muvafık olduğunun anlaşılmasıdır. Yani hem kader, hem irade vardır; kaderin varlığı iradeyi iptal etmez; hür iradenin varlığı da İlm-i Ezelî ile takdir edilen kaderin yokluğunu ve değişmesini gerektirmez.

Kaderle cüz-i ihtiyarî birkaç açıdan birbirine muvafıktır ve birbiriyle uyuşur ve biri diğerini iptal etmez:

1) Allah Âdil-i Hakîm olmasından, insana sevap ve ikâba sebep olacak bir irade vermiştir. Hakîm olan Cenab-ı Hakk'ın yarattığı pek çok şeyin hikmetini bilemiyor, sırlarını çözemiyoruz. Onun pek çok hikmetini bilmediğimiz gibi kaderle iradenin nasıl tevfik[105] edildiğini bilmememiz de olmamasına delalet etmez. Her bilmediğimizi, anlamadığımızı yok saymak, kabul etmemek mümkün değildir. *"Bilmediklerim yoktur"* düşüncesi doğru değildir. Bu çözümü bilinmeyen bir problemi yok saymaya benzer. Bilmemek olmamayı göstermez.

2) Her insan kendisinde bir irade, bir ihtiyar hisseder. Bunun varlığını vicdanen bilir, hem iradeli fiillerle iradesiz fiilleri/eylemleri fark eder.[106] Varlıkların varlığını bilmek başka, mahiyetini bilmek başkadır. Birçok şeyin vücudunu/varlığını biliriz, ama mahiyetini bilemeyiz. Hemen herkes atomun varlığını bilir, ama mahiyetini bilemez, evdeki, garajdaki bir makine ve aracın varlığını biliriz, ama mahiyetini, yani nasıl ve nelerden yapıldığını, nasıl çalıştığını bilmeyebiliriz.

Hepimiz, kendimizde, korku, sevgi, merak, üzüntü gibi şeyleri yaşarız, bunların varlığını biliriz, fakat mahiyetlerini bilemeyiz. İrade de böyledir. Onun da varlığını biliriz, onu hissederiz, ama mahiyetini bilemeyiz. Bir şeyin mahiyetini bilmemek olmaması demek değildir. Bu takdirde yalnız bildiklerimizin varlığını kabul etmek gerekir. Oysa bir şeyi bilmeyişimiz onun olmamasını göstermez. Varlar ve mevcutlar, yalnız bildiklerimiz değildir. Kısaca, irade vardır, kaderin varlığı onu etkisiz kılmamaktadır.

---

[105] Tevfik: Uygun düşürme, muvafık kılma demektir.

[106] Taftazani, *Şerhu'l-Makâsıd,* IV, 249-252; Gazali, I, 282; Ramazan Efendi, s. 212, 192, 184, 181-182; Mehmed Vehbi, *Akâid-i Hayriye,* s. 29; Aydın, s. 22; Keskin, s. 102, 134.

3) Cüz-i ihtiyarî/irade kadere münafi ve aykırı değildir. Birinin varlığı diğerinin yokluğunu gerektirmez, biri diğeriyle muvafık ve uygundur. Aslında kader iradeyi, onun varlığını teyit etmektedir. İlm-i İlahî'nin bir türü olan kader, ihtiyarımıza taalluk[107] etmiştir; onun yokluğuna değil, varlığına delildir.

Hayat içinde her gün yaptığımız tüm doğru tahminler; konunun anlaşılmasına yardım eder.

Mesela her sabah namazını filan camide kılan bir dostumuz için bir gün önceden şöyle deriz:

"Mehmet Bey yarın sabah namazında şu camiye gidecek."

Bu tahmin ve tespitimiz, onun iradesini iptal değil, iradesinin varlığını ve onu ne yönde kullanacağını teyit eder; Mehmet Bey'in iradesi vardır ve iradesiyle böyle davranacağı için biz bu tahmin ve tespiti yaparız. Yani bu tahmin ve tespit, onun iradesinin yokluğunu değil, aksine varlığını gösterir. İradesi var ki, onu nasıl kullanacağı konusunda tahmin yapabilmekteyiz.

Görevine ve mesaiye çok dikkat eden biri için şöyle deriz:

"Yarın sabah 8.30 da iş yerinde olur."

Bu tecrübeye dayanan bir tahmindir. Söz konusu kişi o saatte iş yerine geldiğinde ona şöyle diyebiliriz:

"Dün sizden Ahmet Bey'e söz ettim. 8.30 da iş yerinde olacağınızı söyledim."

İş arkadaşımız da hiçbir zaman, *"Sen öyle tahmin ettiğin için ben 8.30'da buraya geldim"* demez. Belki şöyle der:

"Benim ne zaman geleceğimi iyi tahmin etmişsin, iyi bilmişsin."

Bu tahmine kader dersek, kaderi onun iradesinin yokluğuna değil, varlığına delildir. Tabiri caizse, tahminimiz iradesine taalluk etmiş ve onu ne yönde kullanacağı kanaatinde yanılmamıştır.

Bu tür örnekler çoğaltılabilir. Bu örneklerde olduğu gibi, bir İlm-i İlahî olan kaderde ihtiyarı/iradeyi iptal etmemekte, onunla

---

[107] Taalluk: Bağlılık, münasebet, ilgili oluş demektir. Ayrıca bkz. Mehmed Vehbi, *Akâid-i Hayriye,* s. 29.

çatışmamaktadır, aksine onun varlığını ve sahibi tarafından nasıl kullanılacağını tespit etmektedir.

4) Kader Cenab-ı Hakk'ın olmuş olacak her şeyi bilmesidir. Yani ilim nev'indendir. İlim de malûma tabidir. Yani bilgi, bilinene uyar. Bütün bilgi türleri, o bilgilere konu olan şeye (malum) uydukları takdirde ilim sayılırlar. Kitap kırmızı ise, *"kitap kırmızıdır"* deriz. Yani onu kırmızı bilmemiz, onun kırmızı olmasındandır. İlm-i İlahî'nin bir nev'i olan kader de, olaylar nasılsa öyle tespit eder. Malûm[108] ilme tabi olsaydı, kader iradeyle çatışır, onu iptal eder, ona muvafık düşmezdi.

5) Kaderde neyin ne sebeple vücuda geleceği bellidir. Yani kader sebeple müsebbebe (sonuca) bir bakar. Mesela şu adamın silahlı saldırısı şu adamı öldürecektir. Burada silahlı saldırı sebep, ölüm müsebbeptir. Sebeple müsebbebi ayrı ayrı düşünüp, şöyle denilemez:

"Filan adam filan vakitte ve filan yerde ölecekti. O zaman silah atanın ne suçu var, zaten silah kullanmasa o yine ölecekti."

Bu tür bir düşünce sebeple müsebbebi ayrı ayrı ele almaktadır.[109] Kaderde silah kullanma sebebi ile ölümün gerçekleşmesi varsa, silah kullanılmadığı takdirde ölüm nasıl gerçekleşecektir? Ecellerin ne zaman, nerede olacağını bilemiyorsak, nasıl *"yine ölecekti"* diyebiliyoruz? Burada silah kullanan, iradesiyle silahı kullanmış ve ölüme sebep olmuştur. *"Silah kullanmasaydı yine ölecekti"* demek, caniyi silah kullanmaya kaderin sevk ettiğini ve zorladığını da söylemek olur. Oysa onun silah kullanacağını bildiği için İlm-i Ezelî öyle takdir etmiştir. *"Silah kullanmasaydı ölmeyecekti"* de denilemez. O kişinin ecelini, gaybı bilmiyorsak, onun ölmeyeceğini nasıl söyleyebiliriz? Eceli gelmişse o an bir başka sebeple ölebilir, gelmemişse ölmez.

6) Kader ve irade ilişkisi açısından, sanki Cenab-ı Hak kuluna şöyle demektedir:

"Ey kulum, iradenle hangi yolu istersen seni o yola götürürüm."

---

[108] Malum: Bilgiye konu olan şey, obje ve bilinendir.

[109] Cebriye Mezhebinin bakış açısı böyledir.

Bir baba çocuğunu omzuna almış ve ona şöyle demiş:

"Bu gün nereyi istersen, seni oraya götüreceğim"

Çocuk şu istekte bulunmuş:

"Beni şu karşı dağa götür."

Babası kendini uyarmış:

"Dağ soğuktur, orada üşürsün."

"Olsun, ben gitmek istiyorum."

Baba, yürüyemeyen çocuğunu dağa götürmüş. Çocuk dağda üşümüş ve şöyle demiş:

"Baba üşüyorum."

Babası o zaman şöyle cevap vermiş:

"Yavrum seni uyarmıştım, ama sen istedin, ben de seni dağa getirdim."

Bu misalde olduğu gibi irade etmek ve istemek kuldan, yaratmak Allah'tandır. Babasının, nereyi isterse çocuğu oraya götürdüğü gibi, Cenab-ı Hak da bizim istediklerimizi yaratır; sağa bakmak istesek gözümüzü sağa çevirir, yani çevirmeyi yaratır. Su içmek istesek su içmeyi gerçekleştirecek hareketleri yaratır, içki içmek istesek onu içmeyi gerçekleştiren hareketleri de yaratır.[110]

Görüldüğü gibi hem kader, hem irade vardır ve bu ikisi farklı noktalardan birbirleriyle tevfik edilebilir. Bu açıdan, günahlarda suçu kadere atmak ve sorumluluktan kaçmak doğru olmadığı gibi, *"kader elimizi kolumuzu bağlamış, iradeyi elimizden almış, kadere iman insanı sıkıyor ve engelliyor"* gibi düşünmek de doğru değildir.

33. Tercih Bilâ Müreccih

Kesp de denen insan iradesi, bazen bir şeyi yapmaya, bazen yapmamaya karar verir. İki veya daha çok şeyden birini tercih

[110] Bkz. Nursi, *Sözler,* s. 454.

eder. Bazen onun tercihini icap ettiren bir sebep, bir müreccih[111] de olmayabilir.

Örneğin önümüzde su dolu iki bardak bulunmaktadır. Bardaklar birbirinin aynısı olduğu gibi, bardaklardaki su da aynı kaynağın suyudur. Yani şu anda bir bardağı diğerine üstün kılan, daha iyi ve önemli yapan, birini diğerine tercih ettirici bir sebep, bir müreccih yoktur. Ama biz bu durumda bardaklardan birini irademizle elimize alıp, içindeki suyu içebiliriz. Bu yaptığımız, *"tercih bilâ müreccih"*tir. Yani iki bardaktan birini diğerine tercih ettirici bir sebep yokken, tercih yapabilmekteyiz. İrade sıfatı böyle bir durumda da tercihte bulunabilmektedir. Bu tür *"tercih bilâ müreccih"*leri, hayatımızda her gün yapar ve yaşarız.

Bakkaldan gazete almaya gideriz. Adı, manşeti, yazıları aynı olan gazetelerden birini alırız. Kırtasiyeciden, aynı markadan olan, biri diğerinden farksız ve hepsi aynı değerdeki kalemlerden birini seçer alırız. Biri diğeri ile aynı kalite ve modelde olan, hatta renkleri de bir olan arabalardan birini tercih edip alabiliriz. Bunların birini, diğerine tercih ettiren bir sebep, bir müreccih, birinin diğerine üstünlüğü de yoktur. Öyleyse irademiz böyle bir durumda tercih yapabilmektedir ve bir irade tutulması yaşanmamaktadır. Yani *"tercih bilâ müreccih caizdir"* ve vakidir.

Ama *"tereccüh bilâ müreccih"* [112] muhaldir ve caiz değildir. Yani tercih ettiren, bir şeyi diğerine üstün kılan bir sebep ve müreccih yoksa *"bu şey ondan üstündür"* denilemez ve bu doğru değildir. Çünkü üstün kılan bir sebep yoksa bir şey diğerinden nasıl üstün olabilir? Öyleyse müreccihsiz üstünlük mümkün değildir.[113]

"Tereccüh bilâ müreccih", yani sebepsiz üstünlük caiz değildir. Bunun batıl olmasının illeti, üstün olduğu farz edilenin diğeriyle

---

[111] Müreccih; tercih ettiren sebep, bir şeyi daha iyi ve önemli gösteren gibi manalara gelir. Müreccah ise; daha iyi, ileride ve üstün tutulandır. Müreccih *"tercih eden"* anlamına da gelir. Fakat burada söz konusu olan "tercih ettiren sebep anlamıdır. Ayrıca bkz. Taftazani, *Şerhu'l-Makâsıd,* IV, 230.

[112] Tereccüh: Üstün olmak, üstünlük demektir.

[113] Taftazanî, *Şerhu'l-Makâsıd, IV*, 229-230, 263; Nursi, *Sözler,* s. 454- 456 (Yirmi Altıncı Söz, Üçüncü Mebhas); Mustafa Sabri, s. 171-181.

eşit olmasıdır. Biri diğerinden üstün, ileride ve yüksekte olan diğeriyle eşit olamaz.[114]

34. Kadere Rıza

Abdullah b. Mesut (r.a.) son hastalığında Rasulullah'ı (a.s.m.) ziyarete gitmiş ve şöyle sormuştu:

"Ey Allah'ın Resulü! Sıtmadan/ateşten çok zahmet çekiyorsunuz. Bu size (verilecek) iki kat ecirden dolayı mı?"

Hz. Peygamber vefatı öncesinde çok ateşlenmişti. Abdullah b. Mesud bunun manevî açıdan getirisini öğrenmek istiyor ve bunu soruyordu. Hz. Peygamber sorusu üzerine şu açıklamayı yaptı:

"Evet, kendisine bir musibet gelen hiçbir mümin yoktur ki, (İlahî takdire rıza gösterirse), Allah, ağacın yapraklarının döküldüğü gibi, bu yüzden onun hatalarını döker (bağışlar)"[115]

Burada Resul-i Ekrem musibete düşen, onu üzen, acı veren her şey için genel bir kuraldan söz etmekteydi. Mümin hasbelkader kendine gelen, hastalık, acı, keder, üzüntü gibi şeylerle günahlarından temizlenebilir. Bunun yolu da şikâyet yerine, sabır ve rıza göstermekle o musibeti ve zorluğu karşılamasıdır.

Diğer yandan, musibetlere düşmemek için önlem ve tedbir almalıdır. Ebu Hureyre'nin anlattığına göre o bu konuda şunları söylemişti:

"Bir mümin bir delikten iki defa sokulmaz."[116]

Yani, insan elden geleni yapar, musibete düşmemeye çalışır. Bir tedbirsizlik yüzünden başına bir şey gelirse, ikinci kez bunu yaşamamak için önlemini alarak bunu engellemeye çalışacaktır. Bir başka deyişle mümin devesini kazığa sağlam bağladıktan sonra Allah'a tevekkül eden kimsedir.

---

[114] Taftazani, *Şerhu'l-Makâsıd,* IV, 228, 230, 263; Mustafa Sabri, s. 18-182.
[115] Umare, s. 376, nr. 610; (Buhari, merdâ ve't-tıb, 1).
[116] *A.g.e.,* s. 406, nr. 699 (Buhari, edeb, 83); Bilmen, *Mülahhas,* s. 46.

Kadere rıza konusundaki şu hadis-i şerif de manidardır:

"Takdirime (kazama) rıza göstermeyen, verdiğim belaya sabretmeyen kimse, benden başka bir Rab edinsin."[117]

Bunda, Cenab-ı Hakk'ın Rubûbiyeti açısından farklı hikmetleri vardır, ayrıca o mülkünde istediği gibi tasarruf edebilir.

Mümin hasbelkader bazı musibetlere duçar olabilir. Burada ona düşen, Allah'a itiraz ve şikâyet değil, Allah'tan yardım isteyerek, ona iltica etmektir. Mümin ve Müslüman olan onun Rubûbiyetine razıdır. O bir kısım hikmetlerinden dolayı, bize tatlı şerbet yerine acı ilaç verebilir. Bu takdirde, Rubûbiyeti noktasında ona rıza gerekir. Kaza ve kadere itiraz edilmemeli, *"ah"* ve *"of"* diye şikâyete başlanmamalıdır. Mümin musibetlere sabır göstermeli, onların nimetlik cihetine bakarak şükür ve rıza ile mukabele etmelidir.

Kaderi tenkit, başımıza gelen musibetlerde şikâyet; O'nun Rahîmiyetini ittiham etmektir.[118] Oysa o bize bizden daha merhametli bir Rabb-ı Rahîmdir. O'nun rahmetini ittiham eden rahmetten mahrum kalır. Bu durum kırık elle dövüşmek gibidir ve onu daha çok zarara sokar. Musibete düşen kadere itiraz ve ondan şikâyet etse, musibetini daha da arttırmış olacaktır.

35. "Dünya Kâfirin Cennetidir"

Soru: *"Müminler Allah'a inanıyor, onun emirlerini yapmaya çalışıyor, ama başlarından musibet eksik olmuyor. Hatta Rasulullah 'ed-dünya sicnu'l-mü'mini ve Cennetü'l-kâfiri = Dünya müminin zindanı, kâfirin Cennetidir' buyurmuş. Kâfir Allah'ın düşmanı, mümin onun dostu iken, Takdir-i İlahi neden bize musibetleri vermektedir?"*

---

[117] Gazali, I, 286; Koçar, s. 222-224, 244; (Munavi, *Feyzu'l-Kadir,* VI, 224, nr. 9027'den).

[118] Şerleri yaratmak şer değildir, şerlerin güzellik cihetleri de vardır. Bkz. Bilmen, *Mülahhas,* s. 85-86, 88.

İlk olarak ifade etmek gerekirse, Müminlere gelen musibetler öncelikle birer şefkat tokadıdır. Bir baba hatalarından dolayı, onu hatasından çevirmek için oğluna bir ceza verebilir. Bu onun oğluna düşmanlığından değil, ona olan sevgisinden ve onu tehlikeden korumak istemesindendir. Onu böylece terbiye etmek, iyiye yöneltmek ister. Yüce Allah da, dostlarına musibetleri vererek, onları şefkatli tokatlarla ikaz eder. Ayrıca musibetleri günahlarına kefaret ederek, onları Cehennem azabından korur. Musibetlerde kaybedilen mal ve serveti de sadaka hükmüne getirir.

Biliriz ki, küçük suçlar küçük mahkemelerde cezalandırılır. Büyük suçlar ise büyük mahkemelere havale edilir. Aynen bunun gibi müminlerin küçük hatalarının cezası, musibetler suretinde dünyada ona dönebilir. Böylece onlar burada temizlenirler. Bu hal bir bakıma onlara merhamettir. Kâfirlerin ve ehl-i dalâletin suçları pek büyük olduğundan, Mahkeme-i Kübra'ya tehir edilir ve ertelenir. Onlar bu yüzden çoğunlukla burada cezalandırılmazlar.

Dünyada mümin kusurlarının cezasını gördüğü için, dünya onun hakkında, bir *"dâr-ı ceza"* ve *"zindan"* hükmünü alır. Hem dünya onlara pek mutlu olacakları ahrete nispeten de *"zindan"* sayılır. Yani onlar musibete düşmeseler de ahiret yanında dünya hayatları zindan hükmündedir.

Kâfirler ise, büyük cezaları ahirete ertelendiği ve dünyada kısmen iyiliklerinin mükâfatını gördükleri için dünya onların Cenneti sayılır.

İkinci olarak müminler, Allah'ın emirlerine itaat ederler, ibadet külfetini çekerler, kulluk sorumluluğu taşırlar. Onlar hür olsalar da *"Abdullah=Allah'ın kulu, kölesi"d*irler. İbadet külfeti ve sorumlulukları, onlara zahiren bir sıkıntı ve ağırlıktır. Bu açıdan da dünya onların zindanı sayılır. Oysa inanmayanlar ve ehl-i dalâlet, burada ibadet külfetini çekmezler, bu konuda bir sorumluluk ağırlığı taşımazlar. Her emir ve nehiyden hür ve bağımsız olarak, arzularına göre ve istedikleri gibi hayatı yaşarlar, böylece bir nevi yalancı Cennet içindedirler.

Bütün bunlar yanında, ne kadar zorluk ve musibet içinde de olsa, mümin kâfirden daha mutludur. Onun imanı ruhuna manevî bir

Cennet bahşeder. Küfür, kâfirin ruhunda onu manen tazip eden manevî bir Cehennemdir.

36. Suç Şeytanda Değil mi?

Soru: *"Allah şeytanları yaratıp üzerimize salmış. Bu yüzden günah işliyoruz ve hatta insanlar dinden çıkıyorlar. Bu sebeple insanlar Cehenneme girecekler. Şeytanlar yüzünden irademize hâkim olamıyoruz. Şeytanlar olmasaydı, irademizle iyiliklere daha güçlü yönelebilirdik.*[119] *Allah'ın rahmeti ve cemali, bu çirkinliğe ve dehşetli musibete nasıl müsaade ediyor?"*

1) Şu bir gerçek ki, şeytanlar yüzünden insanların çoğu yolunu sapıtır, Cehenneme ehil olacak bir duruma düşer. Ama kıymet, kemiyette (sayısal çoklukta) değil keyfiyettedir (nitelik ve kalitededir); değer nicelikte değil, nitelikte aranmalıdır.

Örneğin elinde 100 cevizi olan çiftçi bunları toprağa gömse, 100 cevizden 90'ı çürüse, ama on tanesi ağaç olsa, burada iki sonuç ortaya çıkar:

Birincisi: Çiftçi 90 ceviz kaybetmiş, cevizlerin değeri kadar zararı olmuştur. Diğer yandan on ceviz ağacına sahip olmuştur, onun 10 ceviz ağacıyla elde edeceği kazanç, elbette kaybettiklerinin verdiği zararı hiçe indirecektir.

Aynen bunun gibi; Cenab-ı Hak nefsi, şeytanları, şerleri yaratmış, bunlarla insanları imtihana tabi tutmuştur. Böylece çoğunluk toprak altında çürüyen cevizler gibi tefessüh etse de, bozulsa da bazıları iman eder. Bunlardan elde edilen kazanç, pek büyüktür ve sonuçta diğerlerinin verdiği zararı kapatır. 100 tane bir kuruş mu, bir tane altın mı daha değerlidir? 100 kuruşu kaybeden, ama bir altın kazanan zararda değildir.

Bu sırdan dolayı, Allah'ın rahmeti, hikmeti ve adaleti; şeytanın ve şerlerin varlığına müsaade etmiştir.

---

[119] *Zümer,* 39/7. Konuyla ilgisi açısından bkz. Taftazani, *Şerhu'l-Akâid,* s. 190, 192, 203, 221, 227, 235.

2) İnsan manevî bakımdan ilerlemek için bir harekete ihtiyaç duyar, bu hareket mücahede ile, mücahede de şeytanların ve zararlıların varlığı ile mümkündür. Bu açıdan şeytanlar ve şerler, büyük hayırlara vesile olurlar. İnsanlardan bir kısmının kemalât ve iyilikte yükselmesine sebep olurlar. Böylece kabiliyet ve istidatlar gelişir.

Nasıl bir pehlivanın güç ve maharet kazanması için bir harekete, mücadeleye ve rakibe ihtiyacı vardır. O rakibine yenilmemek için, iyi hazırlanır, ona puan kaptırmamanın yollarını arar. Şeytan da mücahede ve mücadele edeceğimiz rakibimiz gibidir. Nefis, şeytan ve kötülükler olmazsa mücahede olmaz, ilerleme durur, insanların makamları da melekler gibi sabit kalır. Şeytanların, zararlı şeylerin yaratılmasının hikmetlerinden biri de budur.

Şu halde şeytan, kendisiyle mücahede etmemiz ve manen yükselmemiz için yaratılmıştır. Onun suyuna, yoluna ve emrine girmek için değildir. Onun için Kur'ân-ı Kerim'de şöyle buyrulur:

"Şeytanın adımlarına uymayınız."[120]

Düşman, ona uymak için değil, onunla mücadele etmek için vardır. Aşağıdaki örnek de konuya açıklık getirir:

Öğrencilerin başarılarını değerlendirmek için notlar verilir. En yüksek notun on, en düşük notun bir olduğunu düşünelim. Bir sınavdan en az 5 puan alan öğrenci dersi geçerken, dört ve daha aşağı notlarla da başarısız sayılsın. Burada, 1'den 4'e kadar olan notlar görünüşte öğrencinin aleyhinedir. Hatta bir öğrenci: *"1, 2, 3 ve 4 olmasa başarısız olmazdım"* diye de düşünebilir. Fakat bu notların varlığı, *"öğrenciler bunları alsın ve sınıfta kalsın"* diye değildir. *"Çalışsınlar, tembellikle mücadele etsinler ve yüksek notları alsınlar"* için bunlar vardır. Yani bu kırık notlar şeytanlar gibidirler, öğrencileri, çalışmaya, mücahedeye ve mücadeleye iterler.

Diğer yandan kırık not olmazsa iyi not da olmaz. O zaman imtihan etmek, denemek, sınava tabi tutmak da mümkün değildir. Herkesin iyi not alacağı, başarılının başarısızın ayrışmayacağı bir

---

[120] *Bakara,* 2/168, 208; *En'âm,* 6/142; *Nur,* 24/21.

sınavın ve denemenin ne anlamı vardır? Bu durum imtihan sırrına da aykırıdır.

Şeytanların, şerlerin ve zararlıların yaratılmasında bütün bunlar düşünülmelidir.

37. Şerri Yaratmak Şer Değil mi?

Soru: *"Hayırları da, şerleri/kötülükleri de yaratan Allah'tır. Ondan başka yaratıcı yoksa şerleri yaratmak şer değil midir?"*

Cevap: Kur'ân-ı Kerim'de her şeyin yaratıcısının Allah olduğu açıklanır. Ama şerri yaratmak şer değil, şerri kesp (kazanmak) şerdir. Mesela ateş insanlar açısından hem iyi, hem kötü olabilir.[121] Ateş medeniyetin ilerlemesi yolunda pek çok hayırlara ve iyiliklere sebep olmuştur.

İnsan tedbirsizlik yapıp evinde yangın çıkarınca: *"Ateş şerdir, öyleyse onu yaratmak şerdir"* diyemez.[122] Ateş bu adam için kendi kesbi (iradesiyle gerçekleşen kazanımı) ile şer olmuştur. Yani o evinde yangın çıkararak ateşi kendine şer/kötü yapmıştır. Oysa o güne kadar ateş ona hayırdı: Yıllarca yemeğini pişirdi, kalorifer kazanında, sobasında yanarak onu ısısından yararlandırdı, arabasında benzini yakarak ulaşımda ona hizmet etti.

Güneş de bir soba gibiydi, ateşi dünyayı ısıttı ve ışıklandırdı, fotosentezin gerçekleşmesine sebep olup, ateşten zarar görene ve tüm insanlara türlü meyvelerin ikram edilmesinde görev aldı. Ama bir insan güneş çarpmasına maruz kalınca ölürse güneş ona da şer oldu. Ama suçlu burada güneş ve güneşi yaratan değil, güneşe karşı tedbirde hata edendedir.

Aslında şerler/kötülükler, zararlı şeyler de ateş gibidirler. Onları kendimize şer yapmadan, zararlı duruma sokmadan kendilerin-

---

121 Taftazani, *Şerhu'l-Akâid,* s. 203, 221, 227, 234-235, 239; Bilmen, *Mülahhas,* s. 84, 86, 88; Mehmed Vehbi, *Akâid-i Hayriye,* s. 29-32; Gelenbevi, s. 234; Koçar, s. 226-242.

122 Taftazani, *Şerhu'l-Akâid,* s. 227, 235-236, 239.

den yararlanabiliriz. Bu açıdan *"ateşin, güneşin yaratılması şerdir"* diyemediğimiz gibi, *"şeytanın yaratılması da şerdir"* diyemeyiz.[123]

38. Levh-i Mahfuz'un Örneği

Soru: *"Kâinatta Levh-i Mahfuz'un bir örneği, benzeri ve misali var mıdır?"*

Cevap: İnsan cismen küçük bir âlemdir; kâinat ise büyük bir insana benzer. Aslında küçük kâinat olan insan, büyük insan olan kâinatın özü ve hülasasıdır. İnsandaki küçük numunelerin büyük asılları, büyük insan olan kâinatta da vardır. Mesela insanda hafızanın varlığı, âlemde Levh-i Mahfuz'un varlığına delildir.[124]

39. İnsan Kusuru Niye Kadere Yükler?

Soru: *"İnsan 'kaderimde olduğu için bu günahı işledim, olmasaydı işlemezdim', 'suç beni aldatan şeytan ve nefsindir', 'Allah kötülükleri yaratmasaydı ben işlemezdim...' ve benzeri söylemlerle suçu üzerinden atmak, yaptığı yanlış ve hataları kadere, şeytana ve –hâşâ– Allah'a yüklemek istiyor. Şeytanın desiseleri açısından konuya nasıl bakılabilir?"*

Cevap: Şeytanın desise ve oyunlarının en tehlikeli ve önemlilerinden biri, insana kusurunu itiraf ettirmemektir. Çünkü insan kusurunu kabul ve itiraf etse, Allah'tan af ve mağfiret dileyecek, günahlarından ve yanlışlarından dönecek ve Allah'a sığınacaktır.

Ayrıca, şeytan böylece, insanın enaniyetini harekete geçirip ona kendini avukat gibi savundurur. Böylece insan kusurunu kabul et-

---

123 Mutlu, s. 43-45, 50-51, 63-64; Taftazani, *Şerhu'l-Makâsıd,* IV, 239-240, 255, 276, 279.

124 Nursi, *Lem'alar,* s. 84.

mez, adeta kendisini sıfır hatalı bir varlık gibi görmeye başlar.[125] Oysa insan için hatasızlık ve kusursuzluk söz konusu değildir. Peygamberler hariç her insan hata, kusur ve günah işleyebilir. Hatalarından dönerek ve onları azaltarak kendini geliştirebilir.

Şu halde hata ve kusurları kabul etmeme, onları kadere ve başkalarına yükleme, bir bakıma şeytanın desise ve oyunlarından biridir.[126] Bu yola giren insan istiğfar ve istiâze yolunu, tevbe kapısını kendine kapar, git gide enesi/egosu kuvvetlenir ve kendisini tanrılaştırmaya kadar gider. Bu açıdan şeytanı dinleyen kusurunu görmez veya tevil eder. Aslında böylece şeytanın oyuncağı ve maskarası olur. Oysa Hz. Yusuf (a.s.) bile şöyle demişti:

"Ben nefsimi tebrie etmem. Çünkü mutlaka nefis daima kötülüğü emreder."

Aslında birazcık düşünülse, şeytanın desise ve hilesi kolayca anlaşılır: İnsan kusuru kendine alsa ve itiraf etse, istiğfar eder, ondan döner ve Allah'a sığınır. Böylece şeytanın şerrinden ve ona maskara olmaktan kurtulur. Demek kusuru kabul etmemek ve başkalarını, kaderi vb. suçlamak; yapılan günah ve kusurdan daha büyük bir kusurdur.[127] Hem insandaki irade kusura merci olmak için verilmiştir. İnsan hür iradesiyle günahı ister ve işler, bu açıdan o suçu kendine almalıdır.

40. "Kader Konusunu Anlayamıyorum"

Soru: *"İman esaslarından biri olan kaderin, bazı konularını anlayamıyorum; bu açıdan kadere inanasım gelmiyor, inkâra yönelmek istiyorum."*

Cevap: Bir saray düşünelim. Sarayın 100 kapısı olsun. Saraya girmek için bir kapının açılması yetmez mi? Adamın biri bu 100 kapıdan 95'ini açmış ve beş kapıyı açamamış. Açık kapılardan sa-

---

[125] Nursi, *Lemalar,* s. 89; Bilmen, *Mülahhas,* s. 46, 84, 85, 87-88.
[126] Mutlu, s. 24-15.
[127] Nursi, *Lem'alar,* s. 89.

raya girebileceği halde, açamadığı kapalı kapılardan biri önünde durup şöyle düşünüyor:

"Ben bütün kapıları açmadıkça bu saraya giremem. Bir kapı bile kilitli kalsa bu saraya girilemez."[128]

Kadere iman da 100 kapılı bir saraya benzer. Aslında o saraya girmek (yani kadere inanmak) için bir kapının açılması bile yeterlidir. Zamanla, gayret ve çalışmayla öteki kapılar da açılabilir.

Matematik biliminin varlığına inanmak için bütün matematik problemlerini bilmek ve çözmek gerekmez. İnsan sadece 2x2'nin 4 ettiğini bilse bile, böyle bir bilimin varlığına inanabilir. Bir şeyin varlığına inanmak için onu eksiksiz bilmek gerekmez. Hiç Arapça bilmeyen, yani Arapçanın hiçbir kapısı kendine açılmayan biri de, o dilin varlığına inanabilir. *"Bir şeyi tamamen bilip sonra inanacağım ve kabul edeceğim"* mantığından hareket edersek hiçbir şeye inanmamız ve kabul etmemiz mümkün olmaz. Çünkü her şeye ait bilgilerimizde her zaman eksikler vardır.

Aslında burada bizi inkâra yönlendiren şeytanın bir hilesidir. Şeytan kadere iman sarayının bize açılmayan, delilsiz/anahtarsız kalmış birkaç kapısını gösterip, insanın gaflet ve cehaletinden yardım alıp, anahtarla/delille açılan bütün açık kapıları ona unutturur ve şöyle der:

"Bu saraya girilemez. Çünkü onun açılmayan kapıları, anlayamadığım yönleri var. Belki burası bir saray da değildir, olsa olsa içi boş bir harabedir."

"Kader meselesinde birkaç konuyu anlayamıyorum, çözemiyorum" deyip kader sarayından içeri girmek istemeyen kimsenin durumu; üç beş kapısını açamadığı saraya girmeyen kimsenin durumu gibidir.

100 sorulu bir sınavdan 95 puan alan, soruların 95'ini yapan ve bir üst sınıfa geçmek hakkını kazanan öğrenci hiçbir zaman şöyle der mi:

---

[128] Nursi, *a.g.e.*, s. 90.

"Benim 5 puan eksiğim var, yani ben beş sorunun kapısını açamadım. Bütün soruları çözmedikçe üst sınıfa girmeyeceğim, ayrıca o sınıfın varlığını kabul etmeyeceğim."

41. Şeytanın Hz. İsa'ya Teklifi

Bir gün şeytan Hz. İsa ile karşılaştı. Kader konusunda ona itiraz ederek şunu teklif etti:

"Madem ecel ve her şey Allah'ın takdiri iledir; sen kendini bu yüksek yerden at, bak nasıl öleceksin?"

Aslında burada şeytan herhalde şunu demek istemekteydi:

"Ey İsa, sen 'ecel Allah'ın takdiriyledir, birdir ve değişmez' diyorsun, kimsenin ecelini, ne zaman öleceğini bilmediğini söylüyorsun. Ben de diyorum ki, 'Allah'ın takdiri ve kader diye bir şey yoktur, sen kendini bu yükseklikten aşağı atarsan ölürsün. Böylece kaderini de, ecelini de kendin yaratmış olursun."

Aslında şeytan, bir yandan kaderi inkâr ederken, diğer yandan sözü kaderin ve ecelin değişebileceğine getirmekte, *'ecel ve kader değişebilir'* demektedir.

Hz. İsa ona şöyle cevap vermişti:

"İnne lillâhi en yahtebira 'abdehü, ve leyse li'l-'abdi en yahtebira rabbehû = Kulunu tecrübe ve imtihana çekmek Allah'ın hakkıdır, Rabbini imtihana çekmek kulun hakkı ve haddi değildir."

Demek; kulu imtihan etmek, sınamak, *"sen böyle yaparsan sana böyle yaparım"* demek Allah'ın hakkıdır.[129] Görüldüğü gibi şeytan kulun/insanın hakkı ve haddi olmayan bir şeyi ona teklif etmekte, ona kulluk ve edebe aykırı bir şeyi önermektedir. Öyleyse insan kader konusunda önce kendi vazifesini düşünmeli, görevini en iyi yapmaya çalışmalıdır. Allah'ı imtihana çeker tarzda *"Allah niye şöyle yaptı, niye böyle yapmadı?"* gibi meydan okuyucu ve

---

[129] Nursi, *Lemalar,* s. 134.

baş kaldırıcı bir tavra girmemelidir. Çünkü insan Allah'ı sorgulamak, ona meydan okumak ve sınamak için yaratılmamıştır.

42. "Niye Daha Yakışıklı Yaratılmadım?"

Soru: *"Allah bazı insanları yakışıklı, güzel, bazılarını çirkin yaratıyor, kimine sağlık verirken, kimi ömür boyu hastalık çekiyor. Kimi insanlar rahat, zengin ve refah içinde ömür sürerken; kimileri, fakirlik, sıkıntı ve meşakkat içinde yaşıyorlar. Madem her şey kaderle takdir edilmiş, bu takdirle kader bazı insanlara zulmetmiyor mu, böylece Allah (hâşâ) adaletsizlik yapmış olmuyor mu?"*

Problemi aşağıdaki örnek olay ışığında çözmeye çalışalım:

1) Şehrin birinde çok zengin ve pek maharetli bir terzi vardı. Birbirinden güzel, birbirinden değerli elbiseler dikerdi. Onun iş yapma ve çalışma tarzı şöyleydi: Bir ceket, palto, gömlek vb. dikerken canlı model kullanırdı. Bunun için işsiz güçsüz, fakir adamları seçer, onların günlüklerini peşin verir ve yüksek tutardı. Canlı modeller o istediği zaman bir gömleği giyerler, sanatkâr model üzerinde gömleği uzatır, kısaltır, gerekirse makasla keserdi. Canlı model üstünde elbiselere farklı şekiller verirdi. Bu meşhur sanatkâr modellere; *"eğil, otur, kolunu uzat, yat, kalk"* gibi emirler verir, böylece elbiselerde sanatını yansıtmak isterdi.

Bir gün ücretini ve günlüğünü peşin ve dolgun ödediği canlı modellerden biri üzerinde, bir gömleği kesip kısaltıyor, ona farklı şekiller veriyor, kimi yerini söküp, kimi yerini iğneliyordu. O sırada model kendisine şöyle dedi:

"Bana 'eğil, kalk, otur, ayakta dikil' gibi emirler veriyorsun, böylece beni sıkıntı ve meşakkate atıyorsun. Hem bana giydirdiğin gömleği kesiyor, biçiyor, uzatıp kısaltıyorsun, böylece beni çirkinleştiriyorsun. Senin bu yaptığın merhametsizlik ve insafsızlıktır."

Sanatkâr şaşırmıştı. Bu adam nasıl böyle konuşabiliyordu? Çünkü ücretini dolgun ve peşin almıştı. Ücretini peşin alan adamın *"bana sıkıntı veriyorsun?"* demeye hakkı yoktu. Hem o sadece bir modeldi ve gömlek ona giydirilse de onun değildi. Gömleğin sahibi; kumaşın sahibi olan, onu diken, onda sanatını yansıtan sanatkârdı.

Bu misalde olduğu gibi; Sani-i Hakîm olan Allah, insanlara göz, kulak, akıl, kalp, hayal, sevgi, korku ve benzeri duygularla ince ince işlediği birer beden gömleği giydirmiştir. O, beden gömleğinde Esmâ-i Hüsnâsının (güzel isimlerinin) nakışlarını göstermek istemektedir. Bundan dolayı insanları halden hale getirir, evirir, çevirir, bazen oturtur, bazen kaldırır, bazen yorar ve bazen de rahatlatır. İnsan açlıkla onun *"Rezzak=Besleyen, Rızık veren"* ismini tanıyıp anladığı gibi, hastalıkla da *"Şafi=Şifa veren"* adına mazhar ve ayna olur.

Burada model durumundaki insana düşen şikâyet değil, sabır ve şükürdür. Çünkü ruhun elbisesi olan vücut ve organlar aslında insanın mülkü değildir. Beden gömleği ona, canlı modele giydirilen gömlek gibi emaneten verilmiş ve giydirilmiştir. İnsan bedenini ve organlarını kendi yapmadığı gibi, bir başkasına bedel ödeyerek de satın almış değildir. Bütün bunların sahibi ve maliki Allah'tır. Böyle olunca mülk sahibi mülkünde istediği gibi tasarruf eder.

Bu açıdan insan, *"Ben niye daha yakışıklı ve güzel yaratılmadım, başkaları sağlıklı iken Allah beni niye hasta etti, niye zorluklar, sıkıntılar içindeyim?"* diye şikâyet etmemelidir. Çünkü şikâyete hakkı yoktur. Ama beden ona emaneten verilmeseydi, bedeninin ve organlarının gerçek sahibi o olsaydı, bedenini kendi yapsa veya bedeliyle başkasından satın alsaydı, belki şikâyete hakkı olurdu.

2) Hem hastalıklar, musibetler zorluklar, olumsuzluk gibi görünen haller; dinimiz açısından günah kirlerini yıkayıp temizlerler, günahlara kefaret olurlar. Bu açıdan, onlardan şikâyet değil, aslında bizi temizledikleri için şükretmek gerekir. Bu tür durumları bir zulüm ve adaletsizlik olarak değil, Allah'ın bir rahmeti, nimeti, armağanı ve hediyesi olarak yorumlamak gerekir.

Çünkü Cenab-ı Hak en büyük musibetleri, en sevdiği kullarına vermiştir. Hz. Peygamber (a.s.m.) bunu şöyle açıklar:

"Belâ bakımından en şiddetli kimseler, önce peygamberler, sonra veliler, sonra da (mertebe mertebe) bunlara benzeyenlerdir."

Bu insanlar, hastalıkları, musibetleri birer halis ibadet ve rahmet hediyesi olarak görmüşler, sabırla şükretmişlerdir.

43. Şikâyet Bir Haktan Gelir

Şikâyet bir haktan gelir,[130] haksızlığa uğrayan onun giderilmesi için şikâyet edebilir. *"Başkaları yakışıklı iken ben neden çirkin yaratıldım, başkası uzun boyluyken ben niye kısa boylu kaldım?"* gibi şikayetlenenler ve bunu adaletsizlik ve kaderin zulmü gibi görenler; aslında *"Allah'tan alacaklı olduklarını"* düşünürler ve böyle derler. Sanki onlar yaratılmadan önce, Cenab-ı Hak'la anlaşmışlardır, ondan herkesin 1.80 cm boy alacağı vardır.

Allah insanları yaratıp, yaratılışlarını takdir ederken, birine 1.50 cm, birine 1.60 cm, birine 1.70 cm boy verince, buna itiraz ve isyan seslerini yükseltirler:

"Niye benim boyum bir altmış?"

"Niye benimki bir yetmiş?"

Çirkinlik–yakışıklılık, hastalık–sağlık gibi konularda da aynı tavrı takınırlar. Böyle diyenlere biz de şöyle soralım:

"Sizin Allah'tan bir alacağınız mı var? Önceden ona 1.80 cm'lik boy verdiniz de, o size bunu geri verirken, kimine 5, kimine 10, kimine 20 cm'yi vermedi mi? Gerçekten bu tür bir hak zayii varsa, şikâyete hakkınız vardır."

İşin doğrusu şu ki, *"kimsenin Allah'tan alacağı yoktur"*, onun her verdiği lütuf ve merhametindendir. Bu açıdan, bir hak yenmemiş ve zayi olmamış ki ondan şikâyet edilsin. Aksine Cenab-ı Hakk'ın bizden alacağı ve hakkı olan çok şey vardır. Onun hakkını verecekken, ondan hak istemek; borçlunun alacaklının hakkını ver-

---

[130] *A.g.e.*, s. 217.

meyip, bir de ondan şikâyet ederek: *"Bana adaletsizlik ve zulüm yapılıyor"* demesine benzer.

Nimet cihetinde insanın, kendinden daha üstlere ve yukarıya bakıp, şikâyete hakkı yoktur. Belki kendinden daha büyük musibet içinde olanlara bakıp, şükretmeli ve mutlu olmalıdır.

Aşağıdaki olay da, gerçeği bize pek güzel anlatır:

Cömert biri, çaresiz ve yoksul birine ikram ve ihsanlarda bulunmak istemiş. Onu bir minare önüne getirmiş ve şöyle demiş:

"Şu minarenin başına çıkarsan, sana çıktığın her basamak için birer hediye ve ihsanda bulunacağım."

Ardından eklemiş:

"En üstteki basamak için de en büyük hediye ve ihsanı yapacağım."

Yokluk içinde kıvranan çaresiz, minarenin en üst basamağına kadar çıkmış. Minare gerçekten yüksekmiş. Adamı en yüksek basamağa kadar çıkaran cömert ve iyiliksever kişi, birinci basamak için bir altın, ikinci basamak için iki altın vermiş. Çıkılan her basamak için altın sayısını birer birer arttırmış. Minarenin en üst basamağında da ona bin altın vermiş.

Artık fakir adamdan sadece iki şey bekliyormuş: Kendisine teşekkür etmesi ve ona minnettar olması. Ama yoksul adam, her basamakta kendine ihsan edilen altınları ve iyiliği unutup ve hiçe sayıp cömert kimseye şöyle demiş:

"Keşke minare daha yüksek olsaydı, daha yukarılara çıksaydım ve daha çok altın alsaydım."

Mazhar olduğu bunca ihsan ve ikrama şükür etmeyerek, ardından halinden şikâyete başlamış. Cömert ve iyiliksever zata teşekkür edeceği yerde *"Niye benim başkaları kadar altınım yok, niye bana daha çok vermiyorsun?"* diye kendisine bunca ihsanda bulunan kimseye diklenmeye, onu suçlamaya başlamış.

Aslına bakılırsa bu şikayetlenme, bir küfran-ı nimettir ve nimete şükürsüzlüktür. O iyiliksever kişi ona hiçbir şey de vermeyebilirdi. Çünkü çaresiz adamın ondan alacağı ve hakkı yoktur. Zengin adam ne verdiyse, merhametinden, ikram ve ihsan olarak ona vermişti.

Aynen bunun gibi; Allah insanı hiçlikten varlığa çıkarmış, onu taş etmemiş, toprak kılmamış, binlerce ağaç ve hayvan türünden biri yapmamış, en büyük ikram ve ihsan basamağına çıkarıp, insanlık nimetini ihsan etmiş, Müslümanlığı vermiş, ömrünün çoğu zamanında sıhhatli kılmış, her gün onu yeryüzü sofrasında beslemiş, ona el ayak gibi organlarla birlikte akıl, fikir, sevgi vb gibi manevî cihazlarla da donatmış.[131]

Verilen her nimeti bir basamağa benzetirsek, insan nimetler açısından ne büyük bir minareye çıkarılmıştır, ne büyük nimetler, ihsanlar ve ikramlar içindedir. Allah'tan hiç alacağımız yokken ve o bize bu kadar nimetleri fazlından ihsan etmişken; bütün verdiklerini unutup, görmezden gelip, verdiklerine şükretmeyerek, sanki ondan alacaklıymışız da hakkımızı gasp etmiş gibi şöyle düşünebilir miyiz?

"Niye benim boyum 1.70 cm değil de, 1.60 cm?"

"Neden ben filan kadar yakışıklı, güzel değilim?"

"Niye ben hastayım da filan değil?"

"Bana yapılan zulüm ve adaletsizlik değil mi?"

Oysa boyu 1.60 cm olan ve kendini başkalarından eksik bulan şöyle düşünmeli:

"Allah beni yokluktan varlığa çıkardı. Taş, toprak, ağaç, mikrop ve hayvan etmedi. İnsan olarak yarattı. Böylelikle beni, ondan alacağım, hakkım olmadığı halde milyonlarca nimet basamağına çıkardı. O istese beni hiç yaratmayabilirdi. Yaratırdı ama taş, toprak yapabilirdi.

Bütün bu ihsan ve nimetlere karşı benden şükür isterken; ben nimette daha üsttekilere bakıp ondan şikâyet ediyorum. Oysa nimette benden aşağılara bakıp ona şükretmeliyim. 'Boyum başkalarından 10 cm kısa' diye düşüneceğime 'Hiç hakkım, alacağım ol-

---

[131] Nursi, *Lemalar,* s. 226; (On Sekizinci Deva). Allah zalim değildir. Bkz. Mehmed Vehbi, *Akâid-i Hayriye,* s. 29-32; Keskin, s. 134.

madığı halde bana 1.60 cm boy ihsan etmiş. Boyu benden daha küçük olan insanlar ve yaratıklar da var. Hatta bir cm'lik, yarım cm'lik bir karınca da olabilirdim...' demeli, şikâyet ve küfran-ı nimet yerine şükretmeliyim."

44. Allah'ın Tercihine İsyan mı?

1) Cenab-ı Hakk'ın insanı, şu yerde, şu zaman, şu ırktan, şu cinsiyette, şu karakter ve özelliklerde yaratması onun tercihi ve takdiridir.

"Ben neden şu şehir ve kasabada değil de burada doğdum?"

"Niye annem babam, filan değil?"

"Allah beni neden şu ırktan değil de, bu ırktan yarattı?"

"Niye beyaz tenli değil de buğday tenliyim?"

"Neden gözlerimi siyah değil de mavi yarattı?"

"Niçin beni erkek veya kadın yarattı?"

"Niye boyumu daha kısa veya uzun yapmadı?"

Bu ve benzer sorular, yalnız hikmetini anlamak açısından sorulursa makul karşılanabilir. Yoksa bunlar Allah'ı hesaba çekmek, ona isyan ve diklenmek, hatta meydan okumaktır. Bu hal zorunlu kadere[132] rıza ve teslim olmamak demektir. Bu tür soruların altında, genelde Allah'ın takdir ve tercihine razı olmamak ve –hâşâ– onu eleştirmek, zulüm ve adaletsizlikle suçlamak yatar.

Kâinatın yaratılışında ve her şeyde Allah'ın takdiri, tercihi ve iradesi vardır. Mesela o güneşi şu büyüklükte, şu düzende ve şu şekilde görev yapan bir lamba ve soba olarak yaratmıştır. Şimdi biz onu hesaba çeker, suçlar, yargılar ve beğenmez bir tavır takınarak şöyle diyebilir miyiz?

"Allah güneşi niye dört köşe yaratmadı?"

"Güneşi daha büyük veya daha küçük yaratsaydı?"

---

[132] Bu tür şeylere *"Iztırarî Kader"* de denir.

"Niçin bir gündüz bir gece altmış saat değil?"

"Neden mevsimler beş değil?"

"Dünyayı aydınlatan bir başka güneş daha olsaydı?"

Her konu ve her yaratık hakkında bu tür sorular sorulabilir. Ama bunlar yararsızdır. Bunları soranlara şöyle cevaplar verilebilir:

"Güneşin şeklini beğenmiyorsan, haydi dört köşe bir güneş yap da onda ısınalım."

"Haydi, sen daha büyüğünü ve daha küçüğünü yap."

"Gücün yetiyorsa mevsimlerin sayısını fazlalaştır."

"Haydi, bir gündüz ve bir geceyi 60 saate çıkar..."

Elbette insan aciz ve fakirdir, Allah'ın mucize olarak tavanımıza astığı güneş gibi bir lamba ve soba yapamayacağı açıktır. Hem onun bir saniyelik giderini de karşılayamaz. Ama insan, insî ve cinnî şeytanların işbirliği ve nefsin onlara yardımıyla, haddini aşarak, ilmi ve iradesi sonsuz olan Cenab-ı Hakk'a karşı meydan okuma, diklenme, eleştirme, hesaba çekme vb. yollara girebilmektedir.

Aslında, *"Güneşi niye şöyle yarattı?"* sorusuyla **"Beni niye böyle yarattı?"** sorusu arasında fark yoktur.

2) İlahlığın gereği, istediğini istediği gibi yapmak ve yaratmaktır. Böyle olmayan zaten İlah değildir. Cenab-ı Hak, *"Fa'âlün limâ yürîd"*dir; İstediğini istediği gibi yapar, yarattığı hiçbir şeye, canlıya ve insana hesap vermez.

Hem o hâkimdir; yaratıklarını hikmetli, yerli yerinde yapmıştır. Aslında onun yarattıklarında eksiklik, hata ve kusur yoktur. Bunun için *"leyse fi'l-imkân ebde'u mimmâ kân"* denilmiştir. Yani kâinatta olandan, yaratılandan daha güzeli yoktur.

Ey cahil ve aciz insan, Allah kâinatı yaratırken seni yaptıklarına mühendis, şahit ve münekkit mi tuttu? Sen kim oluyorsun ki, ona meydan okuyorsun? Kimsenin Cenab-ı Hakk'a şikâyet hakkı yoktur. Çünkü âlemin yaratılışında sayısız hikmetler vardır. Bu hikmet ve gayeler bazı aciz insanların arzu ve hevesine uymayabilir. Böyleleri razı edilmek istense, binlerce hikmet buna itiraz edecektir.

Bir insanı razı etmek için bin hikmete karşı çıkılmaz. Nitekim ayet-i kerime bu gerçeği şöyle açıklar:

"Hak, onların hevalarına (arzularına) uysa, gökler ve yer fesada gider."

Allah insanların keyfine göre kâinatın nizam ve intizamını değiştirmez. Yoksa kâinatın düzeni ortadan kalkar.

Allah itirazcı insanın küçük heveslerini kâinatın yaratılışına, işleyiş kanunlarına ve intizamına mühendis etmemiştir. İnsan haddini aşarak, kısa aklını onun işlerine mikyas ve mizan yapar; inayet ve nimetlerini, kötülük ve felaket zanneder. Kâinat içinde kendi acizliğine bakmadan; Heveslerini tatmin, arzularını teskin için, nihayetsiz bir ilim ve kudretle yaratılan ve düzenli işleyen kâinata müdahale etme cüretinde bulunur.

45. "Allah Beni Niye Böyle Yarattı?"

Soru: *"Allah neden beni böyle yarattı, neden şunu şöyle yaptı?"*

Çağımızda bu tür itirazkâr ve tenkitçi sorular vardır. Bu ve benzeri sorulara şöyle cevap verilebiliriz:

"Eğer yaratılışınızdan ve kâinatın yaratılışından memnun değilseniz, bazı şeylerden hoşlanmıyorsanız, bedeninizi ve Allah'ın mülkünü terk ediniz. Elinizden geliyorsa, gökleri ve yeri terk edip kâinattan çıkıp bir başka yere gidiniz."[133]

O kudreti her şeye yeten, yıldızları ve güneşleri kudret eliyle tutan ve kendine itaat ettirendir. O Ezel ve Ebed Sultanına nasıl isyan edilebilir ve meydan okunabilir? Göklerin ve yerin orduları onundur. O dünya ve benzerlerini top güllesinden yetmiş kez daha hızlı döndürür. Eğer isterse onu ve benzerlerini birer mermi gibi kullanabilir ve yörüngelerinden çıkartabilir.

---

[133] Bkz. *Rahman,* 55/33.

İnsanın Cenab-ı Hak'tan hiçbir hakkı istemeye hakkı yoktur. Çünkü o, ne verdiyse ihsan ve lütfundan vermiştir. Her şey onun mevhibesidir. Aksine insan daima ona şükür borçludur. Mülk onundur, o mülkünde istediği gibi tasarruf eder. Ayrıca insan da onun mülkündedir ve onun memlûkudur. Onun kulu, kölesi memlûku olan, onun mülkünde çalışan, her şeyini lütuf ve ihsan olarak ondan alan, bütün ihtiyaçları onun tarafından karşılanan aciz ve fakir insan, ondan nasıl hak dava edebilir?

ikinci bölüm

Hz. Peygamber'in Açıklamalarında Kader

1. İman Altmış Küsur Şubedir

Soru: *"Kader konusunda Hz. Peygamber de bazı açıklamalar yapmış mıdır?"*

Hz. Peygamber kader konusunda doğrudan veya dolaylı olarak önemli açıklamalar yapmıştır. Bunları bazı başlıklar altında toplamak mümkündür.

Hz. Peygamber bir defasında şöyle buyurmuştu:

"El-îmânu bid'un ve sittûne şu'beten, ve'l-hayâu mine'l-îmân = İman altmış küsur şubedir; hayâ da imandandır."[134]

Burada sayısı verilen altmıştan çok şube/bölüm, İslâm âlimleri tarafından açıklanmıştır. Bunların başında şunlar yer alır:

- *Allah'a iman.*

- *Peygamberlere iman.*

- *Meleklere iman.*

- *Kitaplara iman.*

- *Kadere iman.*

- *Ahiret gününe iman.*

Görüldüğü gibi imanın altı şartından beşincisi kadere imandır. Kaderin varlığına ve ona imanın gerekliliğine delil olarak Kamer Suresi 40. ayeti zikredilir. Ayet ve meali şöyledir:

---

[134] Umare, s. 19. (Buhari, iman, nr.3); Ayrıca bkz. Taftazani, *Şerhu'l-Akâid,* s. 156-165, 227; Taftazani, *Şerhu'l-Makâsıd, IV*, 246; Ketselli, s. 109-110, 113; Bilmen, *Mülahhas,* s. 83, 85, 44; Mehmed Vehbi, *Akâid-i Hayriye,* s. 31-32. Watt, s. 108, 110-111.

"İnnâ külle şey'in halaknâhu bi kader = Biz her şeyi bir kadere/ölçüye göre yarattık."

Şu halde kader vardır, her şey Allah'ın ölçüsü ve takdiriyledir, yaratılan her şey kader içindedir; kaderin dışında bir şey yoktur. *"Her şey"* içine canlı cansız bütün varlıklar girer. Demek Cenab-ı Hak olmuş olacak her şeyi bilmekte ve bir ölçüye, miktara ve kadere göre yaratmaktadır. İnsanlar ve eylemleri de kader dışında değildir; çünkü insanlar ve yaptıkları da *"her şey"* içindedirler.

Daha sonra, imanın diğer şubeleri sayılır:

- Öldükten sonra dirilmeye iman.
- Haşre, yani hesap vermek üzere, Allah huzurunda toplanmaya iman.
- Müminlerin Cennete, kâfirlerin Cehenneme gideceğine iman.
- Allah sevgisi ve Allah korkusuna iman.
- Allah'ın bağışlamasına iman.
- Tevekküle iman.
- Peygamberi candan çok sevmek.
- Peygambere saygı beslemek.
- Dine sımsıkı sarılmak.
- Dini iyi öğrenmek.
- Dini bilgileri yaymak.
- Maddî, manevî kirlerden temizlik.
- Beş vakit namaz.
- Zekât.
- Oruç.
- İtikaf.
- Hac.
- Cihad.
- Savaşa (cihada ve mücahedeye) hazır olmak.
- Düşman karşısında sebat göstermek ve kaçmamak.
- Ganimetlerin beşte birini Allah ve Resulüne vermek.

- Köle azat etmek.
- Kefareti ödemek.
- Akitleri yerine getirmek.
- Allah'ın nimetlerine karşı şükreden kul olmak.
- Mâlayâniden (gereksiz sözden) dili korumak.
- Emanetleri ehil olanlara vermek.
- Bir insanı haksız yere öldürmemek
- İffetli olmak; zinaya yaklaşmamak.
- Başkalarının malında gözü olmamak.
- Helâl olanlardan yiyip içmek.
- Dinin yasak saydığı oyun ve eğlencelerden kaçınmak.
- Tutumlu olmak; israf etmemek.
- Kin tutmamak ve kıskançlık yapmamak.
- İnsanların şeref ve haysiyetiyle oynamamak.
- Yaptıklarını Allah için yapmak.
- İyiliklere sevinmek, kötülüklere üzülmek.
- Tövbe etmek.
- Kurban kesmek.
- Müslüman devlet başkanına; onun iyi emirlerine itaat.
- Müslüman toplumdan ayrılmamak.
- Adaletli olmak.
- İyiliği emredip, kötülükten sakındırmak.
- İyilik ve takvada yardımlaşmak.
- Hayâlı olmak.
- Anne babaya iyi davranmak.
- Sıla-i Rahim: Akrabalarla iyi ilişkiler içinde olup, onlara yardımcı olmak.
- Güzel ahlâk sahibi olmak.
- Çalıştırdıklarına iyi davranmak.
- İşçi hakkına riayet etmek.
- Çoluk çocuğunu İslâm inancı üzere yetiştirmek.

- Selamı (ve barışı) yaymak.
- Hastaları ziyaret.
- Cenaze namazı kılmak.
- Kâfirleri (onların küfür ve şirklerini) dost edinmemek.
- Komşularla iyi geçinmek.
- Misafire ikramda bulunmak.
- Hata yapanların hatalarını örtmek.
- Başa gelen musibetlere sabretmek.
- Dünya ve dünyalıklara karşı, hırs beslememek.
- Gayret gütmek: İnsanın, kendini, ailesini ve insanları ateşten korumaya gayret etmesi.
- Cömert olmak.
- Küçüklere şefkat, büyüklere hürmet etmek.
- Dargınları barıştırmak.
- Kendisi için istediğini (ve sevdiğini) başkaları için de istemek.
- Bütün bunlar, imanın şubeleri olarak yorumlanmıştır. Bunların başında da, en faziletlisi olan *"lâ ilahe illallah"*, yani Allah'a iman yer alır.[135] Bunların iman şubeleri olması konusunda hepsi için ayet ve hadislerden delilleri vardır.

2. Kader Vardır, Her Şey Takdir İledir

Hz. Peygamber, kimi açıklamalarında dolaylı olarak kaderin varlığını açıklarken bazılarında da açıkça bu konu üzerinde durmuştur. Ebu Hureyre'den (r.a.) gelen bir hadis-i şerifte şunları söyler:

"Aziz ve Celil olan Allah, mahlûkatı yaratmaya hükmedince, Arş'ın üstünde olan, kendi katındaki bir kitapta şöyle yazdı: 'Şüphesiz rahmetim gazabımı geçmiştir.'"[136]

---

[135] Umâre, s. 19-2 4. nr.5.

[136] Buhari, IV, 73, bed'ü'l-halk, 2; Taftazani, *Şerhu'l-Akâid,* s. 145, 156, 192, 194, 198; Umâre, s. 264, nr. 431; (Buhari, IV, 73, bedu'l-halk, 1); Mansur Ali, *Tâc Tercümesi,* I, 46; (Buhari, Müslim, Tirmizi'den); Bilmen, *Mülahhas,* s. 44, 46, 83; Keskin, s. 126.

Bu açıklama, her şeyin ve yaratılmadan önce olacakların, bir kitapta yazıldığını gösterdiği gibi, Allah'ın rahmetinin gazabına galip olacağını ve böyle tecelli edeceğini de göstermektedir.

Hicretin yedinci yılında, Hayber fethi sırasında, Yemenli Müslümanlar (Eş'ariler), Medine'ye gelmişlerdi. Hz. Peygamber onları iyilik ve hayırla müjdeledikten sonra iman ve İslâm konusunda kendilerine önemli açıklamalar yaptı ve şöyle dedi:

"(Ezelde) Allah vardı, ondan başka hiçbir şey yoktu ve onun arşı (hükmü) su üzerindeydi; Allah her şeyin zikri konusunda yazdı (Levh-i Mahfuz'da, her şeyi takdir ve tespit etti ve sonra) gökleri ve yeri yarattı."[137]

Hz. Peygamber kaderin varlığı konusunda şu açıklamaları da yapmıştı:

"Küllü şey'in bi kazâin ve kaderin=Her şey Allah'ın hükmü ve takdiri (kader) iledir. Hattâ'l-'aczu ve'l- keysu = Hatta akıl ve ahmaklık bile."[138]

Bu açıklamalar gösteriyor ki; her şey Allah'ın hükmü ve takdiriyledir; kader vardır ve hiçbir şey kader dışında gerçekleşmez. Hatta insanların zihinsel kapasiteleri, karakter, fıtrat ve yaratılışları da kaderle takdir edilmiştir.

Bazı hadis kitaplarında yer alan şu hadis-i şerif de kaderin varlığını gösterir:

"Mutlaka Yüce Allah her sanii/yapanı ve onun sanatını yarattı."[139]

3. Kader – İrade Çatışması Var mı?

Sahabe'den İmran b. Husayn bir gün Rasulullah'a (a.s.m.) şöyle sormuştu:

---

[137] Gazali, I, 281-284; Umare, s. 263, nr. 430; (Buhari, bedu'l-halk, 1); Krş. Mansur Ali, *Tâc Tercümesi,* I, 50; (Buhari, Müslim); Watt, s. 128-130.

[138] Taftazani, *Şerhu'l-Makâsıd,* IV, 246; Mansur Ali, *Tâc Tercümesi,* I, 50 (Buhari, Müslim ve Malik'ten); Ketselli, s. 113.

[139] Taftazani, *Şerhu'l-Makâsıd,* IV, 246: (Müslim, kader, 18; Muvatta, kader, 4'ten).

"Ey Allah'ın Resulü, Cennetliklerle Cehennemlikler bilindi mi (belli mi)?"

Rasulullah cevap verdi:

"Evet."

Bunun üzerine de şöyle soruldu:

"Fe fîme ya'melu'l-'âmilûn= Şu halde (iyi) amel işleyenler niye işliyorlar?"

"Cennetlikler ve Cehennemlikler beliyse, Cennetliklerin iyi şeyler yapmasının ne anlamı var?" diye soruluyordu. Allah bunları kaderde, İlm-i Ezelîsi ile biliyorsa niçin yapılanlar yapılıyordu? Rasulullah her insanın aklına gelebilen bu önemli soruya şöyle karşılık verdi:

"Küllün müyesserun limâ hulika lehû = Herkesin kendisi için yaratıldığı iş, ona kolaylaştırılır."[140]

1) Şu halde kader vardır, herkesin Cennete veya Cehenneme gireceği Allah tarafından bilinir. Cenab-ı Hak cehilden münezzehtir.[141]

2) Diğer yandan kula düşen emredileni yapmak ve iyi olmaya çalışmaktır. *"Benim Cennete veya Cehenneme gireceğim kaderde belliyse, biliniyorsa niye amel işleyeyim?"* diye düşünmesi ve her şeyi bırakıvermesi yanlıştır. Hz. Peygamber bunun yanlışlığına dikkat çekmektedir.

3) Bir yandan Allah Cennetlikleri ve Cehennemlikleri bilirken; diğer yandan insan hür iradesiyle yaptıklarında seçimini iyi yapmalı ve ameli bırakmamalıdır. Kader ve irade arasında bir çatışma, uygunsuzluk (münafaat) yoktur. Rasulullah bunu, *"herkesin kendisi için yaratıldığı iş ona kolaylaştırılır"* sözüyle açıklamış olmaktadır. Kaderle cüz-i ihtiyarî birkaç açıdan birbirine zıt düşmez.[142]

---

[140] Mansur Ali, *Tâc Tercümesi,* I, 51, nr. 45; (Buhari, Müslim, Ebu Davud ve Tirmizi'den).

[141] Taftazani, *Şerhu'l-Akâid,* s. 156, 190, 192, 203; Bilmen, *Mülahhas,* s. 46, 84, 86, 87.

[142] Bkz. Gazali, I, 281-286; Watt, s. 130, 128, 118; Nursi, *Sözler,* s. 451; (26. Söz, İkinci Mebhas).

Hz. Ali (r.a.) aynı konuda şunları nakleder:

"(Bir gün) biz Nebi sallallâhu aleyhi ve sellemin yanında (Baki mezarlığında) oturuyorduk. Onun elinde öd ağacı (değneği) vardı. Derken o, (değnekle) yeri çizdi, sonra başını kaldırarak şöyle buyurdu:

'Sizden hiç kimse yoktur ki, Cennet ve Cehennemden oturacağı yer yazılmış (kaderde belli olmuş) olmasın.'

(Bunun üzerine kendisine) şöyle denildi:

'E felâ nettekilü = (Buna) teslim olmayalım mı (itimat edip güvenmeyelim mi?)'

Soruyu soran *"madem Cennet veya Cehennemdeki yerimiz belli; öyleyse buna rızâ gösterelim, teslim olalım ve buna güvenerek her şeyi bırakalım?"* demek istiyordu.

Ama Rasulullah bu tür kader anlayışını yanlış buldu ve şöyle karşı çıktı:

"Lâ, i'melû velâ tettekilû..." = "Hayır, amel işleyiniz (emirleri yapmayı, yasaklardan kaçınmayı sürdürünüz) ve (buna) güvenmeyiniz. Çünkü her insana kendisi için yaratıldığı şey (iş) kolaylaştırılır (herkes yapacağını yapar)."

Sonra da (şu ayetleri) okudu:

"(Allah için) verene, (günahlardan) sakınana ve hüsnayı (Cenneti) doğrulayana gelince; biz ona yüsrayı (en kolay olanı ve güzellikleri) kolaylaştırırız (bunda başarılı kılarız. Cimrilik yapana ve (iyilik ve güzel amellerden kendini) müstağni görene ve hüsnayı (Cenneti) yalanlayana gelince; ona da üsrayı (en zoru ve kötü sonu) kolaylaştırırız."[143]

Bu açıklamalar birkaç noktaya dikkat çekiyordu:

1) Kader vardır, kaderde herkesin Cennetlik veya Cehennemlik olduğu Allah tarafından bilinmektedir.[144]

---

[143] *Leyl,* 92/5-10; İbn-i Mâce, I, 30-31, nr. 78; Canan, XIII, 357, nr. 4832; Watt, s. 118, 130; Mutlu, s. 40-41.

[144] Taftazani, *Şerhu'l-Akâid,* s. 156, 164; Taftazani, *Şerhu'l-Makâsıd,* IV, 246.

2) Bu durumda insan *'Madem sonuç belli, buna teslim olup, iyilikleri bırakayım, niye amele devam edeyim ki?'* diye düşünmemelidir. Rasulullah (a.s.m.) buna karşı çıkmıştır. Çünkü bu, yanlış bir kader ve yanlış bir tevekkül anlayışıdır. Kulun görevi; yapabildiği kadar iyilik işlemek ve Allah'a iyi kul olmaya çalışmaktır.

3) Bu tür yanlış kader ve tevekkül anlayışı; kulun iradesi ile yaptığı şeylerle kaderin çatıştığı düşüncesinden kaynaklanır ve insanları tembelliğe, yanlış tevekkül anlayışına ve ümitsizliğe sürükler.

Ashaptan Süraka b. Cü'şum'un anlattığı olay da aynı konuyla ilgilidir. O yaşadığı bir hatırasını şöyle anlatır:

"Ben (Rasulullah'a) şöyle dedim:

'Ey Allah'ın Resulü! Amel, kendisinde kalemin (yazıp, yazısının) kuruduğu ve onda takdirlerin cereyan ettiği şeyde mi, yoksa gelecekle ilgili şeylerde (işlerde) mi?'

O şöyle dedi:

"Aksine, kalemin (yazıp yazının) kuruduğu ve onda takdirlerin cereyan ettiği şeydedir, herkese kendisi için yaratıldığı şey (iş) kolaylaştırılır."[145]

Hz. Peygamber'in bu açıklaması da yukarıdakilere benzer ve aynı şeyleri anlatır. Demek, Rasulullah zamanında sahabeler; kaderin varlığından, ona inanmanın gerekliliğinden haberdardırlar. Fakat bu konuda problemi olanlar da vardır. Onlar zaman zaman akıllarına takılanları Hz. Peygamber'e sorarlar ve işin doğrusunu ondan öğrenmek isterler. Böylece, kader konusundaki yanlış düşüncelerini de tashih/doğrultma imkânını bulurlar.

Hz. Peygamber konuyla ilgili bir sözlerinde de şöyle buyurur:

"Sen, sana fayda verecek şeyde hırs göster (gayret et, onu yapmaya çalış, bunda) Allah'tan yardım dile ve (onda) acizlik gösterme."[146]

---

[145] İbn-i Mâce, I, 35, nr. 91; Canan, XIII, 358, nr. 4833; Watt, s. 128-130.
[146] İbn-i Mâce, I, 31, nr. 79.

Demek, insana düşen, onu ilgilendiren şeyleri en iyi yapmaya çalışmak ve sonucu Allah'a bırakmaktır.

4. Kader Değişmez

Hz. Peygamber'in sözlerinde kaderin değişmeyeceğine dair açıklamalar da vardır: O, Uhud'da Müslümanlar safında çarpışan, fakat yaralanınca intihar eden Kuzman adındaki bir Medineli hakkında şöyle buyurmuştu:

"Gerçekten bir insan, insanlara göre Cennetliklerin amelini işler, oysa o Cehennemliktir ve bir insan da insanlara göre Cehennemliklerin amelini işler, oysa o Cennetliktir (durumunu düzeltir, döner Cennetlik olur)"[147]

Rasulullah'ın açıklamaları birkaç noktaya dikkat çeker:

1) Kuzman, İslâm askerleri safında yer almış, savaşmış, insanlara göre iyi bir şey yapmıştır. Fakat yaralanıp intihar edince; dönüp kötü bir günah işlemiş, onu Cehenneme götürecek bir şey yapmıştır. Bir insan da çok günah ve kötülükler işler, insanların kanaatine göre Cehennemliktir. Fakat sonra döner, tevbe eder, Allah'a yönelir ve Cennetlik olabilir.

2) İyi veya kötü sonuçlar, kulun hür iradesiyledir ve onun yönelimlerine bağlıdır. İyi biri kötüleşebildiği gibi, kötü biri de durumunu düzeltebilir.

3) İnsanlar kimin Cennetlik, kimin Cehennemlik olduğunu bilemezler. Bu kaderde nasılsa öyle gerçekleşir. Yani kader vardır ve değişmez; çünkü Allah olacakların nasıl olacağını yanılmaz ilmiyle bilir ve öyle yazar.

Abdullah b. Mesudun aktardığı bir hadis-i şerif de, kaderde olanın mutlaka gerçekleşeceğini göstermektedir. Resul-i Ekrem'in açıklaması şöyledir:

---

[147] Umâre, s. 250-251, nr. 409; (Buhari, cihad, 77); Krş. Mansur Ali, *Tâc Tercümesi,* I, 49; Ketselli, s. 116-117, 125-127.Watt, s. 128; Bilmen, *Mülahhas,* s. 45, 84, 88; Mehmed Vehbi, *Akâid-i Hayriye,* s. 29, 31.

"Mutlaka, her birinizin yaratılışı kırk günde ana karnında toplanır. Daha sonra (bu madde) bunun gibisinde (kırk günde) kan pıhtısı (alaka) olur, sonra bunun kadar (zaman)da mudğa/et parçası olur. Sonra Allah (ona müekkel, görevli) bir melek gönderir ve ona dört sözün (konunun) yazılması emredilir ve kendisine (Allah tarafından) 'onun amelini, rızkını, ecelini, şaki veya said (iyi, Cennetlik) olduğunu yaz' denir. Sonra ona ruh üflenir. Ve bu sebeple sizden biri amel işler, hatta onunla Cennet arasında bir arşın (kol uzunluğu) mesafe kalır, ama yazısı (kaderi) onun önüne geçer, o da Cehennemliklerin işini işler ve Cehenneme gider. Yine sizden biri Cehennemliklerin işini işler, hatta onunla Cehennem arasında bir arşın kalır, derken kitabı (kaderi) önüne geçer de Cennetliklerin işini işler (ve Cennetlik olur)."[148]

Görülüyor ki, Allah kimin ne işleyeceğini İlm-i Ezelîsi ile doğru olarak bilir ve bunu kader olarak tespit etmiştir. Yani kader vardır ve kaderde olan değişmeksizin gerçekleşir. Allah böyle yazdığı için biz böyle işlemeyiz; Allah böyle işleyeceğimizi bildiği için öyle yazmıştır. Tercihlerimizi hür irademizle yaparız.[149]

Bu konuya Hz. Musa ile Hz. Âdem arasında geçen bir olay da açıklık getirir. Ebu Hureyre'den nakledildiğine göre bir gün Rasulullah Medine'de şunları anlatmıştı:

"Musa, Âdemle tartışarak ona şöyle dedi:

'Sen ki, günahla insanları Cennetten çıkardın ve kendilerini güçlüklerle baş başa bıraktın.'

Hz. Âdem de şöyle dedi:

'Ey Musa, sen de, Allah'ın risaletiyle ve konuşmasıyla seni seçtiği kimsesin. Beni, yaratmadan önce Allah'ın onu yazdığı bir işle veya beni yaratmadan önce üzerime takdir ettiği şeyle mi ayıplıyorsun?"

Sonra Rasulullah bu konuda şu değerlendirmeyi yaptı:

---

[148] Umâre, s. 265, nr. 433; (Buhari, bed'u'l-halk, 6); Canan, XIII, 360-361, nr. 4834, 4835.

[149] Krş. Umâre, s. 65, nr. 67; (Buhari, hayz, 17).

"(Böylece Âdem, Musa'yı ilzam etti (susturdu)."[150]

Hz. Musa ve Âdem olayı da gösteriyor ki, kaderde olanlar değişmez ve yazıldığı gibi gerçekleşir.

5. Kader Belliyse, Amele Ne Gerek Var?

Amr b. As'ın oğlu Abdullah kader konusunda Rasulullah'ın önemli bir açıklamasını aktarır:

"Rasulullah (s.a.v.) elinde iki kitap (deri parçası) olduğu halde (evinden) bize doğru (mescide) çıktı ve şöyle buyurdu:

'Bu iki kitap nedir bilir misiniz?'

Biz de şöyle dedik:

'Ya Rasulullah hayır, ancak bize haber vermenizle (bilebiliriz).'

Bunun üzerine o, sağ elindeki için şöyle dedi:

'Bu Âlemlerin Rabbinden bir kitap/yazıdır, onda Cennetliklerin, onların babalarının ve kabilelerinin adları vardır (bunu böyle kabul edin). O (kitap) gide gide onların sonuncusuna kadar (hepsini) icmal etti. Artık onlar konusunda ebede kadar ne bir şey arttırılır, ne de onlardan biri eksiltilir.'

Sonra solundaki kitap/yazı için de şöyle konuştu:

'Bu da Âlemlerin Rabbinden bir kitaptır (farz edin), Onda da Cehennemliklerin, onların babalarının/atalarının ve kabilelerinin isimleri vardır. O (kitap/yazı da) gide gide onların sonuncusuna kadar (hepsini) icmal etti. Artık onlar konusunda ebede kadar ne bir şey arttırılır, ne de onlardan biri eksik bırakılır.'

Bunun üzerine ashabı şöyle dedi:

'Fe fîme'l-'amelu yâ Rasulallah = Öyleyse bu konuda amele ne gerek var ey Allah'ın Resulü? (her şey belliyse, amel etmemize ne

---

[150] Taftazani, *Şerhu'l-Makâsıd,* IV, 246.Umâre, s. 334, nr. 522; (Buhari, tefsiru'l-kur'an, 65/20, 3); Krş. Mansur Ali, *Tâc Tercümesi,* I, 47-48; (Buhari, Müslim, Ebu Davut, Tirmizi ve Nesei'den); İbn-i Mâce, I, 31, mukaddime; Canan, XIII, 384, nr. 4844; Watt, s. 129.

ihtiyaç var, neden iyilik işlemeye gayret ediyoruz?) İn kâne'l-emru kad furiğa minhu = Eğer iş bitirilmiş, ondan fariğ olunmuşsa (niye iyilik işleme gayretindeyiz?)'

Bunun üzerine o şöyle buyurdu:

'Seddidû ve kâribû = (Tam tersine) işinizi sağlam yapınız ve ona yaklaşınız (çok iyi ve sağlam yapamazsanız elinizden geldiği kadar mükemmele yaklaşınız, en iyiye ulaşmaya çalışınız. Çünkü gerçekten Cennetlik olan, ne işlerse işlesin, ona Cennetliklerin ameliyle son verilir (ömrü böyle tamamlanır). Ve gerçekten ne işlerse işlesin; Cehennemlik olana Cehennemliklerin ameliyle son verilir (ömrü böyle tamamlanır)."

Sonra Rasulullah iki eliyle işaret etti (elindekilerle kaldırarak kitapları gösterdi), sonra o ikisini attı ve şöyle dedi:

'Rabbiniz kullardan fariğ oldu (işini bitirdi, vazgeçti), onlardan bir grup (fırka) Cennette, bir grup ateştedir.'"[151]

Bu açıklamalar önemli noktalara ışık tutarlar:

1) Olayı sahabe âlimlerinden Amr b. As'ın oğlu âlim sahabe Abdullah aktarmaktadır.

2) Olay Medine'de, Mescid-i Nebevî'de sahabelerden bir grup içinde geçmiş olmalıdır. Rasulullah, Mescid-i Nebevî'ye bitişik olan odalardan birinden çıkmış, mescide oturmakta olan sahabeleri yanına gelmiştir. Herhalde Sahabeler kader konusunda konuşmakta veya bu konuyu öğrenmek istemektedirler. Hz. Peygamber onların bu konuda kafalarına takılan problemi çözmek istemektedir. Konuya hazırlıklıdır, hatta konunun anlaşılmasını kolaylaştırmak için iki eline iki yazı (deri parçası) almıştır. Hadiste geçen *"kitap"* kelimesini yazı olarak anlamak daha yerindedir. Elbette bu iki yazı, büyük ihtimalle iki kâğıda, yani o zamanlar kâğıt olarak kullanılan iki deriye yazılmış olacaktır.

3) Rasulullah önce dikkatleri çekmek için ashabına bir soru yöneltmiş, iki elindeki iki yazıyı göstermiştir. Sonra da bu iki yazının

---

[151] Bkz. *Zümer,* 39/7; Taftazani, *Şerhu'l-Akâid,* s. 192, 194, 196, 198, 203, 235, 239; Ketselli, s. 118-119; Mehmed Vehbi, *Akâid-i Hayriye,* s. 29, 32; Canan, XIII, 355, nr. 4831; Watt, s. 128, 130.

Âlemlerin Rabbinden iki kitap olduğunu farz etmelerini istemiştir, bir temsil ve örnekle konuyu anlatmak istemektedir. Çünkü konuyu örneklemek ve müşahhaslaştırmak anlamayı kolaylaştırır. Kader konusunu biz de aynı örnekleme yoluyla anlatabiliriz.

4) Örneğe göre elindeki iki yazının birinde Cennetliklerin, diğerinde Cehennemliklerin, onların atalarının ve kabilelerinin adları yazılıdır. Allah her şeyi bildiği için tüm Cennetlikleri ve Cehennemlikleri kaydetmiştir. Bunlardan her kişi ne eksik bırakmış, ne de sonradan birinin adını listeye eklemiştir. Şu halde o hatadan, cehilden, bilmemekten, acizlikten münezzehtir. O takdir ve tespitinde ne hata etmiş, ne sonradan hatasını telafi etmiştir. Yani onun takdiri değişmez, hiçbir sapma, yanılma, ihtimali olmadan gerçekleşecektir. Yani kaza kaderde olanların gerçekleşmesidir.

5) Rasulullah (s.a.v.) yazı/kitap temsiliyle kaderi, İlm-i İlahînin bir nev'i olduğunu açıklayınca, bu konuda –zaman zaman olduğu gibi– bir zor soru gelmiştir. Sorulan kısaca şudur:

"Kader varsa, her şey kaderde olup bitmişse, biz niye amel ediyoruz? Cennetlikler ve Cehennemlikler belliyse niye hayır işlemeye, Allah'ın emirlerini tutmaya gayret ediyoruz?"

Günümüzde de aynı soru farklı şekillerde karşımıza çıkmaktadır. İnsan aklının bu vadide en zorlandığı konu, herhalde kaderle cüz-i ihtiyarînin/insan iradesinin tevfiki, birbiriyle nasıl uyuştuğu konusudur. Bir yanda kader vardır, diğer yanda hür irade iyi sonuca ulaşmak için iyi şeyler yapmaya gayret etmektedir. Öyleyse kader, eli kolu bağlamış olmaz mı veya kaderle iradenin kararları çatışmaz mı? Oysa kul nasıl isteyecekse Allah öyle bilir, ilim malutuma (ilme konu olan şeye) tabidir: (Daha önce üzerinde durduğumuz, radar, güneş tutulması ve benzeri örnekler konuya açıklık getirir ve anlaşılmasını kolaylaştırır), hem ilmen bilmek ve tespit etmek, zorlamak değildir.

Hz. Peygamber ilginç bir yaklaşımla soruya şöyle cevap vermişti:

"Ameli, çalışmayı, kulluk görevlerini asla bırakmayın, kader ameli bırakmak için değildir. Kulluk görevlerini en iyi şekilde yapın, en mükemmelini yapamazsanız; en mükemmele yaklaşmaya

çalışın. En mükemmeli yapamayan, 'en iyi şekilde yapamıyorum, öyleyse vazgeçiyorum' demesin."

Burada iki şey söz konusudur: Allah'ın görevi (işi) kaderi takdir, kulun görevi ise üzerine düşeni yapmaktır. İnsan öncelikle kendi görevini yapma sorumluluğundadır. Kaderi, onun sırlarını eksiksiz anlamak ne onun görevidir, ne de ona emredilmiştir. Ama o ısrarla görevini bırakma, yapmama, suçu kadere yükleme yoluna girmek ister. Rasulullah sahabelerini uyarmasa, belki onlardan bazıları da: *"Madem Cennetlik veya Cehennemlik olacağım belli, öyleyse niye boşu boşuna uğraşıyorum ki?"* deyip her şeyi boş verebileceklerdi.

6. Kader Bilinemez

Hz. Peygamber (a.s.m.) farklı açıklamalarla kaderin bilinemeyeceğini de ortaya koydu. Bir gün insan suretinde ona gelen Hz. Cebrail (a.s.); iman, İslâm, ihsan ve kıyamet alametleri konusunda kendisine sorular sormuştu. Hz. Peygamber son soru üzerine şöyle buyurmuştu:

"...Beş şeyi de ancak Allah bilir. Sonra Nebi sallallâhu aleyhi ve sellem şu ayeti okudu: 'İnnallâhe 'ındehû ilmu's-sâ'atı = Kıyametin bilgisi ancak Allah katındadır.'"[152]

Sonra da sözlerini sürdürerek beş şeyi açıklamıştı. Bunlar şöyleydi:

- *Kıyametin zamanı.*
- *Yağmurun yağacağı zaman ve yer.*
- *Rahimlerde olan.*
- *Bir sonraki gün kimin ne yapacağı ve kazanacağı.*
- *İnsanın nerede ve ne zaman öleceği.*

İnsanlar burada sözü edilen beş şeyi kesin bilemezler. Kimse yarın ne kazanacağını, ne işleyeceğini bilemezse, kader bilineme-

[152] İbn-i Mace, I, 29, nr. 76; Umâre, s. 31, nr. 16; (Buhari, iman, 37'den).

yecek demektir. Bu açıdan; kaderini bilemeyen yapacaklarında kaderi suçlayamaz. Ayrıca, burada sözü edilen diğer bilinmeyenler, ecel/ölüm vakti ve yeri de kader içindedir. İnsan ne zaman ve nerede öleceğini de kesin olarak bilemez.

Enes b. Malik'ten gelen bir hadis-i şerif de aynı konuya açıklık getirir. Onun rivayet ettiğine göre Rasulullah şöyle buyurmuştu:

"Mutlaka Aziz ve Celil olan Allah; rahimde olan (her) çocuğa şöyle diyen bir melek görevlendirdi: 'Ya Rabbi nutfe (yarattın), Ya Rabbi alaka/kan pıhtısı (yarattın), Ya Rabbi, mudğa (bir çiğnem et yarattın).' Bunu üzerine Allah onun yaratılmasını (yaratmanın devamını) dilerse yaratır. Melek şöyle der: 'erkek mi, kız mı, şaki (Cehennemlik) mi, said (Cennetlik) mi, rızkı ve eceli nedir?' ve annesinin karnında bunlar yazılır (bellidir)."[153]

Görüldüğü üzere, her yaratılan çocuğa bir müekkel melek görevlendirilmektedir. Melek, yaratılış safhalarını takip eder. Çocuğun yaratılmasına karar veren ve onu yaratan Allah'tır. Onun erkek mi, dişi mi olacağını takdir ve tercih eden de odur. Ayrıca, çocuk anne karnındayken kaderi bellidir; Allah tarafından bilinir. Bu ilim maluma tabi olma bakımındandır; Yani Allah bildiği için insanlar said ve şaki olmazlar; onların said ve şaki olacaklarını bildiği için Allah kaderde öyle yazar.

İbn-i Ömer de bu konuda benzer bir hadis-i şerif nakleder:

"Gaybın anahtarı beştir; bunları ancak Allah bilir. Kimse yarın ne olacağını bilmez, kimse rahimlerde olanı (çocuğun suret, siret ve kaderini) bilmez, hiçbir kimse yarın ne kesp edeceğini (yapacağını) bilmez, kimse hangi toprakta (mekânda) öleceğini bilmez, hiçbir kimse yağmurun ne zaman geleceğini (nereye, ne kadar düşeceğini) bilmez."[154]

Hz. Peygamber'in bu açıklaması da gösterir ki, kaderde olan bu tür mukadderat kimse tarafından bilinemez. Yalnız bu konularda, tecrübe ve araştırmalara dayanan bazı tahminler, kanaat ve zanlar öne sürülebilir; bu da ilim/kesin bilgi değildir.

---

[153] Umâre, s. 65, nr. 77; (Buhari, hayz, 17); Watt, s. 128.

[154] Umâre, s. 102, nr. 149; (Buhari, istiska, 29), s. 316; (Buhari, tefsiru'l-kur'ân, 65/6).

Kaderin bilinemeyeceği konusunda Hz. Peygamber'in şu gelen açıklaması da bize bir fikir verir:

"Rasulullah (s.a.v.) şöyle buyurdu:

'Kuvvetli mümin, daha hayırlı ve zayıf müminden Allah'a daha sevgilidir. Durum şu ki hepsinde (güçlü ve zayıf müminde) hayır vardır. Sen, sana fayda veren şeye hırs/gayret göster, (bu konuda) Allah'ın yardımını iste ve (yapabileceğinde) acizlik (tembellik) gösterme, bir de sana bir şey isabet edince (başına gelince) şöyle deme: 'Gerçekten şöyle yapsaydım şöyle şöyle olurdu.' Fakat sen şöyle de: 'Allah böyle takdir etti, o dilediğini yaptı. Çünkü 'lev/keşke' şeytanın işine (vesvesesine, kadere itirazına) kapı açar.'"[155]

Hz. Peygamber kader konulu bu açıklamasında farklı noktalara parmak basmaktadır.

1) Ebu Hureyre'nin, Medine dönemi sonlarında duyup rivayet ettiği bu hadis, öncelikle güçlü müminin (el-mü'minu'l-kaviyyu) zayıf müminden daha hayırlı olduğuna açıklık getirir. Burada güçten kasıt, azimli, iyiliklere gayretli, niyeti halis ve ahiret için hazırlığı önemseyen demektir. Bu tür mümin iyiliklere yönelmede süratli, emr-i bi'l-marufta kararlı, kötülüklerden kaçınmaya azimlidir. Sabırlı, metanetli ve iyiliklerde süreklidir.

2) *"Hepsinde hayır vardır"* açıklaması, zayıf veya kuvvetli müminlerde hayrın, iyiliklerin bulunduğunu tekit eder.[156] Zayıf mümin hayırsız, büsbütün işe yaramaz değildir. Ayrıca, müminler aynı ayar ve kıratta değildirler ve bunun da farklı hikmetleri vardır. Böylece birbirleriyle yardımlaşırlar, dünya ve ahirette derece ve mertebeleri farklılaşır. Hem bu yolla toplumsal düzen sağlanır. Fakirler, zenginler, amirler memurlar vb. oluşur.

3) *"Sana fayda verene gayret göster"* açıklaması kader açısından genel bir ilkeyi açıklar. Mümin, kaderinin ne olduğunu düşünmeden, hep faydalı iş ve amellere gayret göstermelidir. *"Kaderde ne varsa o olur, alın yazısı neyse o olacak"* deyip gayreti, cehdi,

---

155 Canan, XIII, 378, nr. 4841: (Müslim'den).
156 Canan, XII, 378-379.

çalışma azmini bırakmamalıdır. Suçu kadere atıp, onu mazeret gösterip tembelliğe, sebepleri, önlemleri terke yönelmemelidir. İnsan sebeplere yapışırsa, Allah sonuçları yaratır. Bu da İlahî bir kanun ve kader/ölçüdür.[157]

4) İnsan iyiliklere ulaşmak, hayırda yol almak için ayrıca Allah'tan yardım istemelidir. Bunun yolu duadır. Dua da *"kavlî"* ve *"fiilî"* olmak üzere iki kısımdır. Kavlî dua, dille yapılır, *"fiilî dua ise, bir şeyin sebeplerini hazırlamak, onun için gerekenleri yapmaktır."* Ürün almak için çiftçinin tarlayı sürmesi, ekini sulaması, ilaçlaması gibi. Yapılacak işin yolunu, yöntemini bilme, gerekenleri gerektiği şekilde, yerinde ve zamanında yapma, önlemler alma vb. hep fiilî duaya girer. Özellikle bu tür duada tembellik göstermemek, ihmallerde bulunmamak gerekir. Bundan sonrası Allah'a kalmıştır, buna da tevekkül denir.

5) Rasulullah ayrıca *"lâ ta'cez = (Yapabileceğinde) acizlik (tembellik) gösterme"* buyurmakla; *"Yapabileceklerinde acze, yapamayacaklarında cez'a düşme"* demek istemektedir. İnsan her konuda yapabileceği kadarıyla sorumludur. Güç ve takatini aşanlarla sorumlu tutulmaz. Ayet-i kerime de bu konuya açıklık getirir.

6) İnsan başına bir şey gelince *"Lev ennî fa'altu le kâne kezâ ve kezâ = şöyle yapsaydım şöyle, şöyle olurdu"* dememelidir. İnsanın bu sözleri bir tahminden ileri gitmez. O kaderini, gaybı bilmediği için aslında *"şöyle yapsa şöyle olacağını"* da bilemez. Bunu bilmiş olsa gaybı ve kaderini bilmiş olur. Bu durum *"katil tüfek atmasaydı, ölen ölmeyecekti"* demeye benzer. Kimse kaderi ve ecelleri bilmediği için; *"öyle yapmasaydı, atmasaydı... şöyle olurdu, ölürdü, ölmezdi, olmazdı, yanmazdı... vb."* diyemez. Bu tür tahminler söz gelişi yapılabilir, ama bunu, şuurlu olarak cezmen (katî ve kesin yollu) söylememek gerekir. O şeyi öyle yapmasak ne olacağı bizce meçhuldür, kaderleri bilemediğimiz için bunu da bilemeyiz.

"Öyle yapsaydım Allah'ın dilediği (takdir ettiği) bir başka bir şey olurdu" denebilir.

---

[157] Heyet, *İlmihal,* I-II, Diyanet İşleri Başkanlığı Yayınları, Ankara 2006, I, 133-134.

"Keşke" şeytanın işine, kader konusunda vesvesesine, şüphe vermesine, kadere itiraza ve kaderin belli olmaması gibi durumlara kapı açabilir. Böylece şeytan bizi kadere karşı çıkmaya, itiraza ve kabul etmemeye yöneltebilir. En güzeli, kaderde olan gerçekleşip kaza olduğunda kulun şöyle demesidir:

"Allah böyle takdir etmiş, o dilediğini yaptı."

Bu sözde kadere iman, kaderin değişmeyeceğinin şuurunda oluş ve Allah'ın irade ve yaratmasını kabul vardır. Böylece Allah'ın ilmi, iradesi, kudreti ve tekvini kabul edilmiş olur.

7. Kimse Kalbi Mühürlü Doğmaz

Kader konusunu da ilgilendiren bir açıklamasında Hz. Peygamber şöyle buyurmuştu:

"Mâ min mevlûdin illâ yûledu 'ale'l-fıtratı = Hiçbir doğurulan (çocuk) yoktur ki, fıtrat (İslam fıtratı) üzere olmuş olmasın. Fe ebevâhu yuhevvidânihî ev yunassırânihî ev yümessicânihî = Ama ana babası onu Yahudileştirir, anne babası onu Hıristiyanlaştırır veya anne babası onu Mecusileştirir."[158]

1) Görülüyor ki, her doğan çocuk bütün inançlardan beri olarak ve İslamı kabullenebilecek yaratılışta doğmaktadır. Çocuklar doğuşta türlü inançları da kabul edecek, farklı dinleri tutacak durumdadırlar. Çocuğun bir dini benimsemesinde ailesi, içinde yaşadığı toplum ve aldığı eğitim ve benzerleri etkili olur. Genelde Yahudi çocukları Yahudi, Hıristiyan çocukları Hıristiyan olur.

2) Kader açısından, kimse kalbi mühürlü, rüzgârın önündeki yaprak misali veya iradesi elinden alınmış veya zorlanmış olarak dünyaya gönderilmez. Bütün insanlar İslâm'ı veya başka dinleri benimseyebilirler, yollarını aile ve toplumun da tesiriyle, hür iradeleriyle çizerler. Kalpleri mühürlü olsaydı, tercihlerini yapamazlardı.

---

[158] Umâre, s. 117, nr. 169; (Buhari, cenâiz, 80'den).

3) Ayrıca Rasulullah'ın açıklaması, çocukların yetişmesi ve şekillenmesinde aile ve sosyal çevrenin önemine parmak basmaktadır. Müslüman aileler de, İslâm fıtratı üzere doğan çocuklarını bu dinde ve kendi kültür değerlerini benimseterek yetiştirmelidirler.

8. Kaderin Hür İradeye Göre Takdir Edilmesi

Kaderin varlığını ve hür irade ile gerçekleştiğini göstermesi bakımından Rasulullah'ın aşağıdaki açıklamaları da dikkate değer:

"Allah hasene ve seyyieleri (iyilik ve kötülükleri) yazdı, daha sonra bunu (insanlara ve meleklere) açıkladı. Buna göre; kim bir iyilik (hasene) yapmayı düşünür de onu işlemezse, Allah kendi katında onu tam bir hasene (sevap ve iyilik) olarak yazdı. Ama o onu düşündü (azim ve irade ederek) yaptıysa, Allah onu kendi katında 10 haseneden 700 haseneye (sevaba) veya daha çok katlarda yazdı. Fakat kim bir kötülüğü (yapmayı) düşünüp onu yapmazsa, Allah onu kendi katında, onun lehine tam bir hasene/iyilik olarak yazdı. Eğer o onu düşündü ve (irade ederek) yaptıysa; Allah onu onun için bir seyyie/günah ve sevap olarak yazdı."[159]

1) Görülüyor ki, Allah önce nelerin hasene/iyilik ve seyyie/kötülük olduğunu Levh-i Mahfuz'da yazıp belirledi. Sonra da bunları meleklerine, peygamberler ve dinlerle kullarına açıkladı.

2) Ayrıca o, iyilik ve kötülük işleyenlere ne kadar sevap ve günah yazacağını da ezelde bilmekteydi. Hasene düşünüp yapmayanlara, düşünüp yapanlara da gerektiği kadar sevaplarını yazmıştı. Yani kimin iyilik yapıp vazgeçeceği veya yapacağı, ezelde onun ilminde olduğu gibi; kötülük düşünüp vazgeçenle onu yapanların durumu da böyleydi. Bunlar daha önceden onun tarafından tek tek biliniyordu ve yazılmıştı.

---

[159] Umâre, s. 427, nr. 727; (Buhari, rikak, 31); bu konuda bkz. Taftazani, *Şerhu'l-Akâid,* s. 192, 194, 196-198, 203; Mehmed Vehbi, *Akâid-i Hayriye,* s. 28-29; Keskin, s. 22; Aydın, s. 22.

3) Bütün bunlar gösteriyor ki, kader vardır, iyilikler kötülükler, bunların kullara bildirilmesi, kimin neler yapacağı, ne kadar sevap ve günah kazanacağı ona bellidir ve bunlar mukadderatta vardır.

4) Ayrıca açıklama kaderin belli olduğunu ve değişmeyeceğini de göstermektedir.

Hz. Ayşe (r.anha) annemiz nezir (adakta bulunma) konusunda Rasulullah'ın şu açıklamasını aktarır:

"Kim Allah'a itaat etmeye nezrederse, ona itaat etsin; kim de ona isyan etmeye nezrederse ona isyan etmesin."[160]

Demek insan Allah'a itaat ve ibadet olan bir şeyi hür iradesiyle nezredebilmekte, bu konuda adakta bulunabilmektedir. Hz. Peygamber, bunun yerine getirilmesini ister. Allah'a verilen söz yerine getirilmelidir. Ama insan yanlış bir karar vermiş ve bir günahı işleme konusunda nezir yapmışsa bundan vazgeçmeli ve işlememelidir. Günahlar ve isyanlarda nezir/adak yoktur. Bu durum gösterir ki, insan bir şeye karar verip, ondan dönebilecektir. Karar veren de dönebilecek olan da odur.

Bu durum insanın düşüncesini, iradesiyle yapacaklarını değiştirebileceğini, iradeyi iyiye veya kötüye kullanabileceğini gösterir. Bir günahı işlemeyi düşünüp ondan vazgeçmek veya bir günahtan tövbe etmek de hür iradenin iyi ve kötü yönde kullanılabileceğine işaret eder.

Şu hadis-i kutsi kaderin hür irade ile şekillendiğini gösterir:

"Ben, kulumun bana olan zannı üzereyim; beni kendinde (gönlünde, tek başına) hatırlarsa, onu kendimde (rahmetim, başarıya ulaştırmam, yardımım, hidayetimle) hatırlarım. Beni bir toplulukta anarsa (hatırlarsa) onu onlardan daha iyi bir toplulukta anarım. Ve o bana bir karış yaklaşırsa, ona bir arşın yaklaşırım; o bana bir arşın yaklaşırsa, ben ona bir kulaç yaklaşırım, o bana yürüyerek gelirse, ben ona koşarak gelirim."[161]

---

[160] Umâre, s. 437, nr. 745; (Buhari, eyman ve'n-nezr, 28, 31).

[161] Umâre, s. 463, nr. 791; (Buhari, tevhid, 15).

Görülüyor ki, her şey kulun iyiye yönelmesine, iradesini iyiye kullanmasına bağlıdır. Kul iradesini iyiye yöneltince ve iyilikler yaptıkça, Allah'ın iradesi de ona göre tecelli etmekte; iyiliklere bol bol karşılık almaktadır. Kul iyiyi istedikçe Allah *"Yok, bunu yapamazsın, sen iyiliği istesen de sana ancak kötülük yolları açık"* dememektedir.

9. Kadere İnanmayan Mümin mi?

Hz. Peygamber (a.s.m.), iman etmek isteyenlere de kadere iman konusunda açıklamalarda bulunmuştur. Hz. Ali (r.a.) bu konuda şunları aktarır:

"Rasulullah (s.a.v.) şöyle buyurdu:

'Bir kul dört şeye inanmadıkça mümin olmaz: Kendisinin hiçbir şeriki (dengi, benzeri ve ortağı) olmayan Allah'a, benim Allah'ın elçisi olduğuma, öldükten sonra dirilmeye ve kadere."

1) Demek kadere iman, imanın rükünlerinden, ana direklerinden biridir; çünkü Allah'a inanmak kadere inanmayı gerektirir. İman esasları, ayrı ayrı şeyler gibi görünse de biri diğerini gerektiren, birbirinden ayrılmaz esaslardır. Aslında iman esaslarından birini inkâr, diğerlerinin inkârını gerektirir. Kader, Allah'ın sonsuz ve hatasız ilmiyle her şeyi bilmesi ve yazmasıdır. Buna inanmamak, Allah'ın her şeyi bilemediği, neyin ne zaman ve hangi şartlarda olacağını takdir edemediği anlamına gelir. Bu Alîm-i Külli Şey'e acizlik, noksanlık, cehalet izafe etmektir; dolaysıyla onun her şeyi bilmediği düşüncesini dillendirmektir.

2) Yasin Suresinin kaderle ilgili bir ayetinde şöyle buyrulur:

"Mutlaka ölüleri biz diriltiriz, onların (hayatlarında) takdim ettiklerini (amellerini) ve (geri bıraktıkları) eserlerini (izlerini) yazarız ve ayrıca biz her şeyi İmam-ı Mübin'de (Levh-i Mahfuz'da) saydık (yazdık ve kaydettik)."[162]

---

[162] *Yasin,* 36/12; Ayrıca bkz. *"Yetme ned'û külle ünâsin bi imâmihim"*; Watt, s. 118, 128-130.

Bu ayet gösteriyor ki, hayatta işlenenler ve arkada bırakılanlar (izler, ilim, kitap, hayır kurumları, meşru veya gayr-ı meşru çığırları vb.) ölümden önce ahirete gönderilenler yazılmaktadır. Ayrıca Allah her şeyi ve her işi, olmadan önce kaydetmiştir.[163] Bu da, onun henüz olmadan olacakları bilmesindendir. Müfessirlerden Mücahit ve Katade buna *"Levh-i Mahfuz"* derler. Bu durum Cenab-ı Hakk'ın ilmiyle her şeyi ihatasını gösterir.

Ayrıca Yüce Allah ayetlerde kendisini, *'insanların bilmediklerini, açıklayıp gizlediklerini ve kalplerde olanı bilen'* olarak açıkladığı gibi, kendisi hakkında, *"O yarattığını bilmez mi?"* açıklamasını da yapar. O Latîf ve Habîrdir, Semî ve Basîrdir, Alîm ve Hakîmdir. Bütün bunlar onun her şeyi bildiğini gösterir. Ayette geçtiği üzere O *"Âlimu'l-gaybi ve'ş-şehâde"*dir. Şahadet ve gayp âleminde, olmuş olacak her şeyi bilir; geçmişte kalmış bilinmeyen şeyleri haber vermesi, gelecek ve ahiretle ilgili haberlerden söz etmesi de bunu gösterir.

Ayrıca küfredenlerle ilgili bir ayette: *"Her şeyi kitap/yazı olarak saydık"* buyrulur. Yani, *"Onların yaptığı cürümleri, günahları, kötülükleri, bunlarla kendilerini cezalandırmak için yazıp kaydettik"* demektir.[164]

Kim zerre kadar hayır işlese onun karşılığını göreceği gibi, şer işlese de bunun karşılığını görecektir. Her şey yazılıp kayda geçtiğine göre; yapılanlar ve yapılacaklar bilinmektedir; hesaba çekmek veya mükâfatlandırmak için de bu gereklidir.

Ayette geçen *"İmam-ı Mübîn"* kader-i İlahînin bir defteridir.[165] Yeryüzünde ve göklerde Allah'a gizli hiçbir şey yoktur. O gizlimizi, açığımızı ve kesbimizi (yaptıklarımızı) bilir.[166]

Ashab-ı Kiramdan Übade b. Sâmit bir gün oğluna şöyle demişti:

"Yavrum, sana isabet edecek şeyin (takdir edilenin) şaşırmadan sana isabet edeceğini; başkasına isabet edecek şeyin de sana

---

163 Sâbunî, III, 8.
164 Sâbuni, III, 509.
165 Yeğin, s. 467.
166 *En'âm*, 6/59.

ulaşmayacağını bilmedikçe (buna inanmadıkça) iman hakikatinin zevkini asla tadamazsın."

Sonra sözlerini şöyle sürdürdü:

"Ben Rasulullah'ı şöyle derken duydum:

'Allah'ın yarattığı şeylerin ilki kalemdir. Allah ona şöyle emretti:

'Yaz.'

Bunun üzerine kalem şöyle dedi:

'Ya Rabbi ne yazayım?'

O şöyle buyurdu:

'Üktüb mekâdîra külli şey'in hattâ tekûme's-sâ'atu = Kıyamet gününe kadar olacak her şeyin mekâdirini (kaderlerini) yaz.'

Evladım, Rasulullah'tan (s.a.v.) şunu söylerken de duydum: 'Bundan (bu inançtan) başkası üzere ölen benden değildir.'"[167]

1) Ubade b. Sabit oğlu Velid'e, kadere iman konusunda nasihat ediyor, kaderin varlığından söz ediyor, onda olanın ve takdir edilenin başa geleceğini, İlm-i Ezelînin tespit ettiği kaderin yanılmayacağını açıklıyordu.

2) Ona göre, kadere böyle inanılmalıydı. Kadere böyle inanan mümin, iman hakikatinin tadına varacaktı. Herhalde bu durum, başa gelen musibetlerde müminin teselli bulmasıyla gerçekleşmekteydi. Kaderde olan gerçekleşince müminin teselli buluyor, *"men âmene bi'l-kader, emine mine'l-kader = kadere iman eden kederden emin olur"* sözüne mazhar kılınıyordu. Kader mazide ve musibetlerde müminleri teselli eder, hüzün ve acıların ilacı olur. Musibete düşen *"kader de varmış ki başıma geldi"* der ve teselli bulur.[168] Fakat kader gelecek için böyle kullanılmaz: *"Kaderde ne varsa başıma gelsin"* denilip, çalışma, gayret ve tedbir bırakılmaz.[169]

---

[167] Mansur Ali, *Tâc Tercümesi,* I, 52; Yazır, VIII, 5255, 5261, 5262; Canan, XIII, 351, nr. 4830.

[168] Bkz. Tevbe, 9/51; İbnü Ebi'l-Izz, *Şerhu'l-Akideti't-Tahâviye,* Beyrut 1988, s. 364.

[169] Rasulullah'ın bu konudaki açıklamalarından söz etmiştik.

3) Übade b. Sâmit'in Rasulullah'tan duyduğuna göre kıyametin kopmasına kadar olacak her şeyin kaderi bellidir ve yazılmıştır.[170]

4) Bir de Hz. Peygamber, kadere imanın kendi yolu, sünneti ve dininin gereği olduğunu belirtmektedir. Kaderi inkâr onun yolu ve sünneti değildir.

Ayrıca hadis-i şerif şöyle de nakledilmiştir:

"... Mutlaka Allah'ın yarattıklarının ilki, kalemin yaratılmasıdır. Yüce Allah ona 'yaz' dedi. O sordu:

'Ya Rab ne yazayım?'

O da şöyle buyurdu:

'Üktübü'l-kadere = Kaderi yaz."

Rasulullah sözlerini şöyle sürdürmüştü:

"İşte o saatte kalem; olmuş ve ebede kadar olacaklarla cereyan etti (yazmaya koyuldu)."[171]

Bir görüşe göre Nûn Suresinin ilk ayetinde, kaderleri yazan kaleme şöyle yemin/kasem edilir:

"Nûn, kaleme ve yazdıklarına yemin olsun."[172]

Demek, ayetlerde bir takım canlı ve cansızlara yemin olduğu gibi, kaderleri yazan kaleme de yemin/kasem edilmiştir.

Kadere iman konusunda Cabir b. Abdullah da Rasulullah'tan bir açıklama aktarır:

"Rasulullah (s.a.v.) şöyle buyurdu:

'Lâ yü'minu 'abdun, hattâ yü'mine bi'l-kaderi, hayrihî ve şerrihî = Bir kul kadere; onun hayrına ve şerrine inanmadıkça mümin olmaz. Ve hattâ ya'leme enne mâ esâbehû lem yekun li yuhtiehû, ve mâ ahtaahû lem yekun li yusîbehu = Hatta, ona isabet edecek şeyin onu şaşırmayacağı ve onu şaşıracak (başına gelmeyecek) şeyin ona isabet etmeyeceğini de bilmedikçe (kul) mümin olmaz.'"[173]

---

[170] Geylâni, s. 95-96.

[171] Yazır, VIII, 5262.

[172] *Nûn,* 68/1.

[173] Taftazani, *Şerhu'l-Makâsıd,* IV, 246; Canan, XIII, 351, nr. 4849.

1) Bu açıklamaya göre insan kadere, iyilik ve kötülüklerin kaderde yazılı olduğu şekilde başına geleceğine iman etmedikçe mümin olmaz, iman etmiş sayılmaz. Çünkü bunu böyle kabul etmeyen; Allah'a cehalet isnat etmekte, onun başa gelecekleri bilmediğine inanmaktadır. Allah'a acizlik, noksanlık isnat etmek; her şeye gücü yeten, Alîm, Hakîm, Habîr, Latîf, Semî ve Basîr olan Allah inancında olmaması demektir.

2) Bu açıklama ayrıca, kaderde olanın değişmeyeceğini, yazıldığı gibi vaki olup gerçekleşeceğini de gösterir. İnsanın yapacakları ve yaşayacakları aynen kaderde olduğu gibi olacaktır.

3) Ayrıca kaderin hayrına ve şerrine, onun takdirinin Allah'tan olduğuna inanmak, iyilik ve kötülüklerin Allah tarafından yaratıldığını da gösterir.[174]

10. Allah Zalim Değildir

İbn-i Deylemi, kader konusunda yaşadığı bir olayı şöyle anlatır:

"İçimde kaderden bir şey (şüphe ve problem) oldu. Bunun dinimi ve işimi/yolumu bozmasından korktum, Übey b. Kâ'b'a geldim de şöyle dedim:

'Ey Ebülmünzir, içimde kaderden bir şey (şüphe) oldu, ben de bunun dinimi ve işimi/yolumu bozmasından korktum, bana bu konudan konuş, belki Allah onunla beni faydalandırır.'

Bunun üzerine o şöyle dedi:

'Gerçekten Allah göktekilere ve yerdekilere azap edecek olsaydı azap ederdi. Oysa o onlara zulmedici değildir, hem amellerinden dolayı onlara merhamet edecek olsaydı, rahmeti onlara hayırlı olurdu. Ama senin Uhud dağı veya bir Uhud dağı kadar daha altının olsa; onu Allah yolunda harcasan, kadere iman etmedikçe senden kabul edilmez. Öyleyse bilmelisin ki, sana isabet edecek (başına gelecek, yaranılacak) şey seni şaşırmaz, seni bulmayacak şey de

---

[174] Gazali, I, 281, 301; Canan, XIII, 352; Koçar, s. 245.

sana isabet etmez. Ve gerçekten bunun dışında (bir inançla) ölürsen ateşe girersin.

Kardeşim, senin bana gelmen gerekmezdi, Abdullah b. Mesuda (git), bunu ona sorarsın.' Derken Abdullah'a geldim, ona sordum, o da bana Übey'in söylediklerinin benzerini söyledi ve şöyle dedi:

'Bana gelmen gerekmezdi. Huzeyfe'ye (git).'Derken Huzeyfe'ye geldim ve ona sordum; o da bana (ilk) ikisinin söyledikleri gibisini söyledi ve şöyle dedi:

'Zeyd b. Sabit'e git ve (konuyu) ona sor.'

Az sonra Zeyd b. Sabit'e geldim ve (konuyu) ona sordum. O da şöyle dedi:

'Ben Rasulullah'ı şöyle derken duydum: 'Eğer gerçekten Allah gökteki ve yerdekilere azap edecek olsaydı, onlara azap ederdi (kimse buna engel olamazdı);[175] *Ama o onlara zulmedici değildir. Ve amellerinden dolayı onlara merhamet edecek olsaydı; rahmeti onlara hayır olurdu, bir de senin Uhud dağı veya bir Uhud dağı kadar daha altının olsa ve onu Allah yolunda harcasan, kadere, onun tümüne inanmadıkça Allah onu kabul etmez. Öyleyse bilmelisin ki, sana gelecek (isabet edecek) şey seni şaşırmaz, seni bulmayacak şey de sana isabet etmez. Ve gerçekten sen bunun dışında (bir imanla) ölürsen ateşe girersin.''*[176]

Olay birkaç noktadan önemlidir:

1) İbn-i Deylemi; içinde kader konusunda bir şüphe ortaya çıkınca, ilk olarak sahabe âlimlerinden ve ensardan Übey b. Ka'b'a gelmiş, ondan kader konusunda kendisini aydınlatmasını istemiştir. İbn-i Deylemi işte bu şüpheden dolayı yanlış yola girmekten de korkmaktadır.

2) Übey b. Ka'b ona önce kader ve cüz-i ihtiyarî ilişkisi açısından, Allah'ın kullarına zalim olmadığını anlatmaya çalışmıştı. Aslında önce o *"kaderde olan başa gelecekse, irademizin ne önemi var? O takdirde o cezalandırdıklarına zulmetmiş olmaz mı?"* soru-

---

[175] Zümer, 39/7; Taftazani, *Şerhu'l-Akâid,* s. 192-198, 203, 235, 239; Mehmed Vehbi, *Akâid-i Hayriye,* s. 28-29, 32.

[176] İbn-i Mâce, I, 29-30, nr. 77; Mustafa Sabri, s. 307.

suna cevap vermek istedi. Allah yerdeki ve göktekilere zulmedecek olsa bunu kader bahanesiyle yapmaz ve zulmederdi. Merhamet edecek olsa da merhamet ederdi. Bazılarının vehmettiği gibi buna kaderi bahane etmezdi. O zulmetse de, merhamet etse de kimse buna engel olamazdı.

3) Kader konusunda bir can alıcı nokta da şuydu: *"Ve huve ğayru zâlimin lehum"* yani Allah kullarına zulmeden, haksızlık ve adaletsizlik yapan biri değildi. Adaletle ilgili ayetler de bunu açıkça göstermektedir. Şu halde kadere iman edenlerin öncelikle bilmesi gereken bir konu vardı: Kaderle kullara zulmedilmiyordu; Allah zalim değildi.

4) Diğer yandan kaderde olanlar mutlaka gerçekleşecek, değişmeyecek, olmayanlar da başa gelmeyecek ve yaşanmayacaktı. Kader vardı, kesindi ve değişmezdi. Çünkü Allah Semi, Basîr, Alîm, Hakîm, Habîr, Latîf ve Kadîrdi. Onun bu sıfatlarında ve bilgisinde eksiklik yoktu. O her şeyi bildiği, gördüğü için bildiğinde hata etmezdi.

5) Daha sonra onu kader konusunda, hicretin 35. yılında vefat eden Übey b. Ka'b şöyle uyarmıştı: *"... (Yaptıkların) kadere iman etmedikçe senden kabul edilmez."* Bu sözleri kaderi inkâr edenin kâfir olacağını, imandan çıkacağını gösteriyordu. Ona göre kader kısaca, takdir edilenin başa gelmesiydi.

6) İbn-i Deylemi ardı ardına yapılan tavsiyelerle önce Huzeyfe b. Yeman'a[177] sonra Zeyd b. Sabit'e geldi. Huzeyfe ve Zeyd b. Sabit de sahabenin âlimlerindendiler. Huzeyfe ve Zeyd b. Sabit de Übey b. Ka'b gibi; onunla anlaşmış gibi konuşmuşlardı. Çünkü azap ve kaderde olanın başa geleceği açıklamalarının kaynağı Rasulullah'tı. Sahabe âlimleri ondan aldıklarını kendilerinden sonrakilere aktarıyorlardı.

Sahabeden Adiy b. Hatem bir zaman Kufe'ye gelmişti. Şabi de Kufelilerin fakihlerinden bir grupla ona geldi. Anlattığına göre kendisinden bir istekte bulundular:

"Bize Rasulullah'tan duyduğun bir şey konuş."

---

[177] Mutlu-Döğen, I, 474-479.

Adiy bu istek üzerine şöyle dedi:

"(Müslüman olmak için) Nebi sallallahu aleyhi ve selleme gelmiştim. O bana şöyle dedi:

'Ey Hatemoğlu Adiy, teslim ol (İslâm'a gir) kurtul.'

Ben dedim:

'İslâm (teslimiyet) nedir?'

Bunun üzerine o şöyle buyurdu:

"Allah'tan başka İlah olmadığına ve benim Allah'ın Resulü olduğuma şahadet edersin; kaderlerin hepsine inanırsın; (yani) onların hayrına ve şerrine, tatlısına ve acısına."[178]

Demek kadere iman, onda olan hayır ve şerri Allah'ın yarattığına iman İslâm'a girmenin ve bu dine teslim olmanın gereklerindendi. Adiy, bizzat yaşadığı ve duyduğu şeyleri Kufeli âlimlere anlatıyordu.

11. "Bununla mı Emredildiniz?"

Hz. Peygamber bir gün, Medine'de, Mescide bitişik evinden oraya açılan kapıyla ashabı arasına çıkmıştı. O sırada sahabeleri kader konusunda tartışıyorlardı. Hz. Peygamber tartışmadan hoşlanmadı, hatta bu duruma sinirlendi, yüzü öfkeden nar tanesi gibi kızardı[179] ve onlara müdahale etti:

"Bi hâzâ ümirtum, ev li hâzâ huliktum = Bununla mı emredildiniz, yoksa bunun için mi yaratıldınız?"[180]

Kur'an-ı Kerim'deki emirlere bakılır ve bunlar incelenirse hiç birinde; *"kaderi tartışınız, bu konuda karşılıklı iki hasım gibi davalaşasınız"* emri yoktu. Hz. Peygamber: *"Bununla mı emredildiniz?"* diye çıkışırken bu inceliğe dikkat çekmekteydi. O şöyle demek istiyordu:

---

[178] İbn-i Mâce, I, 24; Taftazani, *Şerhu'l-Makâsıd,* IV, 246.

[179] *"Fe keennemâ yüfkau fî vechihî habbu'r-rummâni mine'l-ğadabi."* İbn-i Mâce, I, 33, nr. 85.

[180] İbn-i Mâce, I, 24; Tirmizi, IV, 386; kader, 1; Aydın, s. 21.

"Siz farz, vacip gibi emredilen yahut haramlar gibi yapmamanız gereken bir şey üzerinde değilsiniz. Aksine tartışması size emredilmeyen, tartışmamakla hiçbir şey kaybetmeyeceğiniz bir konuyu tartışıyorsunuz. Bunu, tartışması zorunlu farz, vacip bir emirmiş gibi yapıyorsunuz. Emredilmediğiniz şey üzerindesiniz."

Oysa kulların, emredilenleri önemsemeleri ve onları yerine getirmek için elden geleni yapmaları gerekirdi.

Ayrıca o kaderi tartışma konusu yapanlara şunu da sormuştu:

"... Li hâzâ huliktum =...Bunun için mi yaratıldınız?"

Bu sorgulama da önemliydi. Sanki o, *"her gün Kur'an ayetlerini okuyorsunuz. Orada, insanların niçin yaratıldığı konusundan söz eden ayetlere bakınız, bu ayetleri araştırınız. Onlar içinden biri 'sizi kaderi tartışasınız diye yarattım' diyor mu?"* diye onları uyandırmaya çalışıyor, konuya orijinal ve farklı bir bakış açısı getiriyordu.

Sonra sözlerini şöyle sürdürmüştü:

"Tadribûne'l-Kur'âne ba'dahû bi ba'dın = Kuran'ın (ayetlerinin) kimini kimine vuruyorsunuz."[181]

Demek tartışanları dinlemiş, onlara kulak misafiri olmuş ve tartışmalarını duymuştu. Onlar, kader konusunu tartışırken, kendilerini ayetlerle savunuyorlar, deyim yerindeyse ayetlerle vuruşuyorlardı. Ayetlere farklı yorumlar yükleyerek onları vuruşturuyorlardı. Ayetler *"birbirlerine vurulsun, birbiriyle çarpıştırılsın, fırkalaşmaya sebep olsun"* için mi indirilmişlerdi? Bu durum ayetleri yerinde kullanmamak değil miydi? Bir başka açıdan böyle yapmak, ayetleri kendimize, tarafımıza, yüzde yüz doğruluğuna emin olmadığımız düşüncelerimize alet etmek olamaz mıydı?

Hz. Peygamber bu tehlikeli işin sonunun nereye varacağını da ifade etti:

"Bi hâzâ heleketi'l-ümemu kablekum = Bununla (bu tarzda) geçmiş milletler helak oldu (zayıfladı veya yok oldu)."[182]

---

[181] İbn-i Mâce, I, 33, nr. 85; ayrıca bkz. Gazali, I, 241.
[182] İbn-i Mâce, I, 33, nr. 85.

Kader ve benzeri konularda tartışarak, fırkalara ayrılarak emredilenleri bir yana bırakıp daha gereksiz ve lüzumsuz şeyler konusunda yararsız tartışmalar yaparak, onlara indirilen ayetleri birbirine vuruşturarak çok helak olanlar olmuştu. Ona göre bu, milletlerin helakinin önemli etkenlerinden biriydi.

Helak, ölmek ve bitmek gibi anlamlara gelir.[183] Ölmenin güçsüzlük ve zayıflamakla sağlam bir bağlantısı vardır. Bu tür tartışmalar, mühimi ehemme tercih, en gerekliyi ve en çok yapılması gerekeni bırakıp başka şeylerle ilgilenmedir ve bu tür tartışmaların getirdiği parçalanmışlık, milletleri, dinleri zayıflatıp güçsüzleştirecektir. *"Ümem"* ümmetler demektir. Ümmet; nesil, din, millet anlamlarına geldiğine göre, bu tür tartışmalar; dini ve onu temsil edenleri zayıflatıp güçsüz kılacak ve helak edecektir. Ayrıca bu tür eylemlerin, ahiret açısından da helake sürükleyici tarafı unutulmamalıdır.

Ayrıca bu olay gösteriyor ki, kader konusu sahabe nesli de dâhil, her zaman tartışılmış ve hâlâ tartışılmaktadır.

Herhalde Hz. Peygamber'in (s.a.v.) yaptığı ikaz ve konuya bir başka açıdan bakması ile Mescid-i Nebevî'deki tartışma son bulmuş olmalıdır.

12. "Biz Her Şeyi Kaderle Yarattık"

Kader konusu sahabe döneminde müşriklerle müminler arasında da tartışılan bir konuydu. İslâm'ın ilk zamanlarında, Mekke'de Kureyş müşrikleri, kader konusunda tartışmak için Rasulullah'a gelmişlerdi. Bunun üzerine şu ayetler indirildi:

"O gün (kıyamette onlara) yüz üstü ateşe sürüldüklerinde, 'zûkû messe sakar = 'tadın Cehennemin tadını' denilir."

Bundan sonra da şöyle deniliyordu:

---

[183] Feyruzabâdi, *Kâmus,* s. 1237.

"İnnâ külle şey'in halaknâhu bi kader = Mutlaka biz, her şeyi bir kaderle (takdir, ölçü ve düzenle) yarattık."[184]

Hz. Ayşe, aynı surenin 45. ayeti konusunda şöyle demişti:

"Ben (Mekke'de) oyun oynayan bir küçük çocukken, Hz. Peygamber'e Mekke'de nazil oldu."[185]

Kamer Suresinin 47-49. ayetlerinin indirilmesi konusunda Tabiûn müfessirlerinden olan Atâ'dan şöyle bir olay da aktarılır:

Necran piskoposu Medine'de Hz. Peygamber'e gelmiş ve şöyle demişti:

"Muhammed, günahların kaderle, denizlerin kaderle, gökyüzünün kaderle (takdir ve ölçü ile) olduğunu, bu işlerin hep kaderle cereyan ettiğini mi iddia ediyorsun? Günahlara gelince onlar kaderle yapılıyor değiller."

Bu rivayete göre piskopos, göklerin, yerlerin, denizlerin hep kaderle takdir edildiğine inanıyordu. Kader sınır, ölçü, takdir, bir şeyin hududunu bildirmek, sınırını ölçüsünü belirlemek demekti.[186] Allah zerreden şemse kadar, her şeyi bir ölçü, kader ve düzenle yaratmıştı. Bir şeyde düzenin var olması onda kaderi/ölçüyü gösterdiği gibi, tesadüfün olmadığını da gösteriyordu. Zerreden, atomlardan mikroplara, cansızlardan canlılara, bitkilerden ağaçlara her şey bir kaderle; ölçü, sınır ve düzenle yaratılmıştı. Bütün tohumlar, çekirdekler, onlardan yaratılacak şeyler de böyleydi. Tohumlar kader defterine benziyor, onlardan yaratılan bitkiler ve ağaçların amelleri/işleri de buna göre cereyan ediyordu. Şu halde kendisinde ölçü, düzen ve miktar olan hiçbir şey kaderin dışında değildi.

Piskopos denizlerin, göklerin, yerlerin kaderle takdirini kabul etmesine rağmen, günahların kaderle ve kaderde olduğunu inkâr ediyordu.

---

[184] *Kamer,* 54/48-49; İbn-i Mâce, I, 32, nr. 83; ayrıca bkz. Taftazani, *Şerhu'l-Akâid,* s. 156, 192, 194, 203; Mansur Ali, *Tâc Tercümesi,* I 50; Yazır, VIII, 4655; Sâbûni, III, 290; Aydın, s. 359; Çetiner, II, 842; Watt, s. 108, 118, 130, 392, 393.

[185] Buhari, tefsir, Kamer Sûresi. Bkz. Kâdi, s. 378.

[186] Aydın, s. 359.

Onun iddiası üzerine Rasulullah şu karşılığı verdi:

"Siz Allah'la hasımlaşmaya/davalaşmaya kalkan hasımlarsınız"

Bunun üzerine Kamer Suresinin 48. ve 49. ayeti indirilmişti.[187] Buna göre istisnasız her şeyin, insan ve fiillerinin de kaderle yaratıldığına dair ayet Medine'de indirilmiş olmaktaydı.

1) Bu olay gösteriyor ki, Hıristiyanlar da kader konusunda Rasulullah'la tartışmışlardı. Onlar da kendilerince bir kader inancı içindeydiler.

2) Ayetin Mekke'de indirildiği görüşü esas alınırsa; Müşrikler kader konusuna veya her şeyin kaderle yaratıldığı inancına itiraz etmiş olmalıdırlar. Necranlı piskopos da günahların kaderle takdir edilmesine itiraz etmişti. Belki de o *"günah kader değildir, insan kaderini kendi yaratır"* gibi bir söylemi dillendirmek istiyordu.

3) Kureyş müşrikleri ve piskopos *"muhasım"* olarak adlandırılmaktadır. Muhasım; muhasame eden, davalaşan, hasım olan, düşmanlık eden taraflardan biri ve karşı tarafı tutan manasına gelir. Şu halde; her şeyin kaderle takdir ve halk edilmediğini iddia edenler, aslında Allah'la davalaşan, onun hasmı ve düşmanı sayılan kimselerdir. Çünkü böyleleri gerçekte imandan çıkmışlardır, her şeyin kaderle halk edildiğine, yani *"kadere ve kazaya iman; Yüce Allah'ın ilim, irade, kudret ve tekvin sıfatlarına imanın zaruri/zorunlu bir neticesidir."*[188]

4) *"Ateşe yüz üstü sürüldükleri gün.."* ayeti, bu tür insanların kötü sonlarını da göstermektedir.

13. Yanlış Tevekküle Karşı Uyarı

İbn-i Abbas bu konuda şunları nakleder:

"Yemenliler haccederler, yol azığı edinmezler ve şöyle derlerdi:

---

[187] Çetiner, II, 842.
[188] Aydın, s. 368.

'Nahnu'l-mütevekkilûn = Biz tevekkül edenleriz.'

Mekke'ye gelince de insanlardan isterler (dilencilik ederler)di. Bunun üzerine Yüce Allah (şu ayeti) indirdi:

'Azık edininiz, mutlaka azıkların hayırlısı da takvadır.'"[189]

İbn-i Abbas'ın anlattıkları, önemlidir:

1) Demek Yemenliler genelde tevekkülü yanlış yorumlayan Müslümanlardı. Çünkü tevekkülü, sebeplere sarılmayı ve tedbir almayı terk olarak anlayabiliyorlardı. Oysa iyi sonucu doğuracak tedbir ve önlemleri almak, iyi sonuç için gerekeni yapmak şarttı. Bundan sonra takdir-i İlahîye rıza, Allah'a tevekkül/güvenmek ve itimat gelmekteydi. Allah'a tevekkül, sebeplere sarılmaya, önlemleri almaya engel değildi. Bir Müslüman bir iş konusunda tedbir ve önlem almayıp; *"Takdir-i İlahî ne ise öyle olur"* gibi düşünemezdi. Doğru olan, kendine düşeni yaptıktan sonra kadere rıza göstermekti.[190]

2) Ayette söz konusu olan *"tezevvedû"; "zad edinin, yol hazırlığınızı görün, azığınızı alın, yol levazımatınızı alın"* demekti. Zâd aslında, yiyecek, içecek, giyecek, binek hayvanı diğer ihtiyaçlara sarf edilecek maldır. Yol için gerekli bütün ihtiyaçları içine alır. Genelde zâd yiyecek-içecek gibi algılansa da böyle değildir.

3) Yol ihtiyaç ve gereklerini tedarik etmemek; dilenciliğe, halka yük olmaya sebep olmaktadır. Günah ve fenalıklardan korunmak ve takvaya ermek için de yol hazırlığı gereklidir. Çünkü yol hazırlığı yapmayan; ihtiyaçların sıkıştırmasıyla, günaha da tevessül edebilir. Açlık, başka duygu ve arzular (şehvetler) insanı, hırsızlığa, başkalarının hakkına tecavüze, gaspa veya zina gibi günahlara itebilir. Azık edinmemek, insanı takvaya ulaştırmayacağı gibi günahlara ve kötülüklere de sebep olacaktır. Öyleyse, tembellik ve ihtiyaçların karşılanmasına yönelik çalışmayı terk etmek, doğru değildir ve bunu tevekkül olarak yorumlamak da yanlıştır.

4) Şu da bir gerçektir ki, insanda iman ve Allah'tan takva/sakınma olmazsa; ne kadar zâd ve yol ihtiyacı karşılarsa karşılasın

---

[189] Bakara, 2/197; Umâre, s. 161, nr. 260 (Buhari, hac, 6); Vahidî, s. 58.

[190] Mehmed Vehbi, *Akâid-i Hayriye,* s. 27-32; Mutlu, s. 15.

takvaya eremez. Bu açıdan; *"azıkların en hayırlısı takvadır"*, imanla şirkten ve diğer günahlardan kaçınmaktır.[191]

5) Ayrıca dünya hayatı bir yolculuk olduğu gibi, dünyadan göçmek de bir yolculuktur. Dünya yolculuğunda yiyecek, içecek ve yol ihtiyaçlarını karşılamak, gerektiği gibi, ahiret yolculuğunda da bunlar gereklidir.

6) Hz. Peygamberdevesini bağlamadan *"Allah'a tevekkül ettim"* diyen birine, *"Önce deveni bağla, sonra tevekkül et"* buyurmuş,[192] böylece tevekkülü doğru anlaması gerektiğine işaret etmiştir. Bu durum gerekli önlemleri almak gerektiğini, tevekkülün bundan sonra geldiğini gösterir. İslâm ruhu, tembellik, düşüncesizlik ve vurdumduymazlığa pirim vermez. İnsan kendine düşeni yaptıktan sonra sonucu Allah'a bırakmalıdır.

14. Kadere Rıza ve Dehre Sövmemek

Kazaya rıza ve kadere teslim olmak müminin şiarındandır. Hz. Peygamber bir gün Medine'de Yüce Allah'tan naklen şöyle buyurmuştu:

"Âdemoğlu dehre/zamana söverler. Oysa dehir benim, iş (her şey) benim elimdedir, geceyi gündüzü de ben değiştiririm."[193]

1) Zamandan mekândan münezzeh olmakla birlikte, her şeyi ve zamanı yaratan Allah'tır. Zaman yerlerin ve göklerin yaratılmasıyla başlamıştı. Her şey onun takdiri ve hükmü iledir. Yerler ve gökler yaratılmadan önce o her şeyi takdir ve tespit etmiştir.

2) Kureyş müşrikleri ve onlara benzeyenler *"Dehir ne kötüdür"* diyorlardı. Böylece, zorluklar ve onlara isabet eden olumsuzlukları dehre veriyorlar, dehr hakkında kötü konuşuyorlardı. Yüce Allah *"ene'd-dehru = dehir benim"* buyurmakla *"dehri çeviren, tedbir eden, yaratan benim"* diyordu.

---

[191] Yazır, II, 720; Vahidî, s. 158; Aydın, s. 369.

[192] Aydın, s. 369.

[193] Umâre, s. 340, nr. 530; (Buhari, tefsiru'l-kurân, 65/45, 1); Munavi, IV, 470, nr. 6024; Sarıcık, *Cahiliye,* s. 133-134.

3) O icraatında, kullarına layık ve onlara hak ettiklerini veriyordu, adildi ve onlara zulmetmiyordu. Olanları zaman içinde yaratan, iyilikleri ve kötülükleri halk eden oydu ama halk-ı şer şer değil, kesb-i şer şerdi. Ama insanlar, irade ve ihtiyar ettikleri kötülükleri ve işlediklerinin kötü sonuçlarını[194] dehre yüklüyorlar, aslında böylece Cenab-ı Hakk'ı suçluyorlar ve ona eza veriyorlardı.

4) Onlar bazen de *"Yâ haybete't-dehri = Ey dehrin haybeti/zararı ve hüsranı"* diyerek; bu düşüncelerini dile getirmekteydiler.[195]

15. Kadere Razı mısınız?

Hz. Peygamber Kuba'da, Mescid-i Dırar yapıldıktan sonra nazil olan Tevbe Suresinin 108. ayeti nazil olunca[196] muhacirleri yanına alarak Medine'den Kuba'ya gitmiş ve Kuba Mescidi kapısında ayakta durarak, içerde olan Kubalılara şöyle sormuştur:

"E mü'minûne entüm = Sizler müminler misiniz?"

Topluluk soru üzerine şaşırmıştı. Rasulullah (s.a.v.) tekrar sordu:

"E mü'minûne entüm = Sizler müminler misiniz?"

Yine cevap gelmeyince Hz. Ömer soruya şu karşılığı verdi:

"Ey Allah'ın Resulü, onlar gerçekten mümindirler, ben de (bu konuda) onlarla beraberim."

Bundan sonra Rasulullah kaderle ilgili şu soruyu yöneltti:

"E terdavne bi'l-kazâi = Allah'ın kaza (ve kaderine) razı oluyor musunuz?"

Bu kez mescittekiler cevap verdiler:

"Ne'am = Evet."

---

[194] Musibetlerin insanların yaptıkları yüzünden gelmesi bkz. *Nisa,* 4/62, 79; *Şura,* 42/30; *Nahl,* 16/34; *Zumer,* 39/51; *Al-i İmran,* 3/72; *Ra'd,* 13/31; *Kasas,* 28/47; *Maide,* 5/49.

[195] Munavi, IV, 481; Watt, s. 111.

[196] Sarıcık, *Çağrı,* s. 369- 372.

Burada o kaza ve kader inancından söz ediyordu. Demek o zaman da kadere ve kazaya iman zaman zaman üzerinde konuşulan bir konuydu. Sahabeler kadere ve kazaya inanıyorlardı. Sonra sual ve cevap şöyle devam etti:

"E tasbirûne 'ale'l-belâi = Belalara sabrediyor musunuz?"

Kazaya iman, Allah'tan gelen bela ve meşakkatlere sabrı da gerektiriyordu.

Kubalılar soruya tek kelimeyle karşılık verdiler:

"Evet."

Rasulullah aldığı karşılık üzerine onlar hakkında şu değerlendirmeyi yapmıştı:

"Kâbe'nin Rabbine yemin olsun ki, sizler müminlersiniz."[197]

Onların verdiği cevaplar imanlarına delil olan sözlerdi. Onlar Allah'a inanmakla kaza ve kadere[198] rıza gösteriyorlar, bela ve musibetlere sabrediyorlardı. Bu durum; bela ve musibetlerde Allah'tan şikâyet etmemeyi gerektiriyordu. Bollukta ve darlıkta Allah'tan razı idiler. Sonra Resul-i Ekrem onlar arasına oturdu ve tekrar sordu:

"Ey ensar topluluğu, gerçekten aziz ve celil olan Allah sizleri övdü. Sizler abdest alırken ve tuvalet ihtiyacını giderirken ne yapıyorsunuz?"

Kubalılar şu karşılığı verdiler:

"Ey Allah Resulü, biz dışkıdan sonra üç taşla temizleniyor, taşlardan sonra da suyla taharet alıyoruz."

Cevap üzerine Rasulullah (s.a.v.): *"Ricâlun Yühıbbûne en yettahherû..."* ayetini okudu.[199] Kubalılar daha önce Yahudilerden suyla temizlenmeyi veya cünüplükten dolayı yıkanmayı öğrenmişlerdi. Fakat ayet-i kerime Yahudileri değil onları övüyordu. Burada tevhit inancı ve bu inancın gereklerini yerine getirmekle birlikte, temizliğin önemi vurgulanıyordu. Kubalılar Müslüman olduktan

---

[197] Heyet, *Mecmau't Tefâsir,* III, 197.

[198] Burada kaderin varlığına işaret bulunur.

[199] *a.g.e.,* III, 197.

sonra da suyla taharete devam ettiler. Hatta onlar cünüp olarak gecelemiyorlardı. Temizlenilen pislik konusunda iki görüş vardır:[200]

1) Onlar maddi pislikten temizlenmeden dolayı övülmektedirler. Ayet özellikle suyla taharet almalarından onları övmektedir.

2) İkinci görüşe göre, övgüye sebep, yalnız maddi pisliklerden temizlenmeyi seven insanlar olduklarından değildir. Onlar muttakilerdir; takva ilkesi üzerine mescit yapmışlardır. Demek; manevi kazurat ve pislikler olan şirkten ve günahlardan temizlenmeyi severler. Ayrıca onlar, iman, ihlâs ve sıdıkla, en büyük günah küfür, şirk ve nifaktan temizlenmiş kimselerdir. Öyleyse iman temizliktir, şirk ve küfür *"inneme'l- müşrikûne necesun"* ayeti ile bir tür manevi pisliktir. Kir ve pisliklerden temizlenmeyi çok istemek de; güçlü iman ve takvanın gereğidir. Öyleyse mümin temiz olur. Kirlenirse tövbeyle yahut suyla temizlenir. Günahlardan temizlik, Allah'a yakınlık ve sevap sebebidir. Onlar küfür ve günahlardan temizlendikleri için Allah onları sevmektedir. Ayetin sonunda şöyle buyuruluyordu:

"Vallahu yuhıbbu'l-mutetahahirîn = Allah (şirk, küfür, günah ve maddi) pisliklerden temizlenenleri her zaman sever."

1) Yukarıdaki ayete göre de ensar ve muhacirler, temizlenmeyi sevdiklerinden, kaderde olanlara rıza gösterdiklerinden Allah tarafından çok sevilen insanlardı. Allah kendilerini sevdiğini bildirmekteydi.

2) Allah'ın sevgisi yüksek derecelidir ve *"muhabbet"* cinsinden bir sevgiydi.[201] Muhabbet, dolu dolu sevmekti.

3) Allah'ın insanı sevmesi; razı olması ve ona iyilik ve ihsanda bulunacağına söz vermesidir.[202] Onlar da başlarına gelenlerde, kaderde olanlarda Allah'tan razıdırlar. Çünkü kaderde olana rıza gösterirler. Yani, Rıza makamındadırlar. Belalara sabretmeleri de bunu gösterir. Tüm bu açıklamalar, yapısı takva üzere yapılan Mesci-

---

[200] *a.g.e.,* III, 196-197.

[201] Bkz. Feyruzabadi, *el-Kâmûsu* s. 90; Rağıb, s. 153; İbnu Ebi'l-'Izz, s. 165; Heyet, *el-Mu'cem*, s. 252; Alâka, irade, sabâbe, ğarâm, meveddet ve diğer sevgiler için bkz. Sarıcık, *Sahabe Modeli,* s. 130, 160.

[202] Heyet, *Mecmau't Tefâsir,* III, 197.

dinin önemini gösterdiği gibi hem sahabelerin kader inancı ile ilgili durumlarını ve faziletlerini de gösterir.

16. Münafıkların Kadere Bakışı

23 Mart 625'teki Uhud mağlubiyeti üzerine[203], münafık Abdullah b. Übey ve takımı yenilgiye sevinmişlerdi. Abdullah b. Übey Uhud'da burnu kopan ve Rasulullah'ın altından bir burun yapmaya müsaade ettiği oğlu Abdullah'a suret-i haktan görünerek şöyle diyordu:

"Görüşüme kulak asmayan, gençlerin sözüne uyan Muhammed'le Uhud'a çıkmasaydın, bu felakete uğramazdın. Vallahi işin buraya varacağını görür gibiydim."

Münafıkların bir özelliği de, gizli inançsızlar olmalarından aslında kadere ve kazaya inanmamalarıdır. Hâlbuki ayette ölecek olanların evlerinde bile olsa ölecekleri belirtilir. Oğlu, babasının Rasulullah'la arasını açmak istediğini biliyor ve şöyle cevap veriyordu:

"Allah'ın, Resulüne ve Müslümanlara yaptığında muhakkak bir hayır (ciheti) ve hikmet vardır."[204]

Bütün işler Allah'a döndüğüne göre, Uhud mağlubiyeti de kaderde vardı ve bilinen ve bilinmeyen hikmetleri ile Allah'ın iradesi ve ilmi dâhilinde olmuştu. Meşhur münafık şehitler hakkında da ileri geri konuşuyordu:

"Yanımızda bulunsalardı, öldürülmezlerdi."

Hâlbuki kaderi ve gaybı Allah'tan başkası bilemezdi. *"Yanımızda bulunsa şöyle olurdu"* gibi sözleri manasızdı ve kader inancı konusunu ilgilendiriyordu. "Yanımızda olsalardı şöyle olurdu" demek gelecekte olacak şeyin nasıl olacağını bilmek ve insanların kaderinden haberdar olmak demekti. Oysa gelecekte nelerin olacağını kimse bilemezdi. Yahudiler de münafık başını şöyle destekliyordu:

---

[203] Sarıcık, *Çağrı- Medine,* s. 119

[204] Köksal, III, 236.

"Hiç bir peygamberin bu şekilde ne yenildiği, ne de kendisi ve arkadaşlarının böyle yaralandığı görülmüştür."

Sözde Müslümanlarla Yahudiler İslama karşı birlikte çalışıyor, sürekli Hz. Peygamber ve müminlerin aleyhinde konuşuyorlardı. Mağlubiyet dillerini açmıştı. Müslümanlar, münafıkların kamuoyunu bulandırmalarından rahatsızdılar. Hz. Ömer bir gün bu ve benzer sözleri sarf edenlerin öldürülmesi için Resul-i Ekrem'den izin istedi. Rasulullah ise ona şöyle karşılık verdi:

"Ömer, şüphesiz Allah dinini ve Resulünü üstün kılacaktır. Yahudiler, emniyetlerini sağlamaya söz verdiğimiz tebaamızdır, onları öldüremem".

Hz. Peygamber yatıştırıcı, hikmetli ve makul bir cevap vermişti. O bir Peygamber, bir devlet başkanı olarak konuşuyordu. Allah günü gelince davasını üstün kılacak, İslam'ı bütün dinlere galip edecekti. Hz Ömer ekledi:

"Peki, ya şu münafıklar?"

"Onlar, Allah'tan başka ilah olmadığına, benim Allah'ın Resulü olduğuma şahadet ediyorlar değil mi?"

Evet, onlar dilleriyle şahadet getiriyorlardı. Fakat onların Müslümanlığı görünürdeydi. Hz. Ömer ve sağlam Müslümanlar bunu fark ediyorlardı. Gerçekten Müslüman olan insan onların yukarıda söylediği şeyleri söylemez, Rasulullah'la Uhud önünde savaşmaya giden insanların moralini bozmaz ve Allah'tan gelen ve kaderde olan musibetlere rıza gösterirdi. Hz. Ömer Rasulullah'ın manidar sorusuna karşılık şunları söyledi:

"Evet."

Ardından ekledi:

"Fakat onlar bunu kılıçtan korunmak için yapıyorlar ve bize köklü bir kinleri var."

Aynı husus Münafıkûn Suresinde de anlatılmaktaydı; onlar şahadetlerini canlarına, mallarına kalkan olarak kullanıyorlardı.[205] Nihayet Resul-i Ekrem bu konudaki ölçüyü açıkladı:

---

[205] *Münafikûn,* 63/1-2.

"Ben, 'lâ ilâhe illallah Muhammedün Rasulullah' diyen kişiyi öldürmekten nehiy olundum..."[206]

Uhud mağlubiyetinin Müslümanların hatalarından dolayı gerçekleştiğini kaydeden Al-i İmran 165. ayeti, ayrıca Uhud yenilgisini şöyle değerlendiriyordu:

"Eğer size (Uhud'da) bir yara dokunmuşsa, Bedir'de o kavme onun kadar yara dokunmuştu. Günler/zaferler ki, biz onları insanlar arasında (leh ve aleyhlerine) döndürür dururuz. Yoksa Allah içinizden savaşanları (ve savaşmak istemeyenleri), güçlüklere göğüs geren, harp meydanında sebat gösterenleri belli etmeden, cennete gireceğinizi mi sandınız?"[207] *"Evlerinde oturarak kardeşlerine: 'Bizi dinleselerdi ölmeyeceklerdi' diyen o adamlara deki: 'Öyleyse ölümü kendinizden geri çevirin bakalım, sözünüz de doğruysanız."*[208]

1) Bu ayetlere göre, Müslümanlar bir yara almış, yenilmişlerse bu olmayacak şey değildir. Allah devirleri, zaferleri ve günleri kullarının bazen lehine, bazen aleyhine döndürür. Bunu normal karşılamak, büyütmemek gerekir. Münafıkların bunu büyütmesi yerinde değildir. Çünkü benzer bir durum Bedir'de Kureyşlilerin de başına gelmişti. Üç yüz küsur kişi, kendisinden üç kat büyük bir kuvveti yenmiş ve onlara büyük bir yara aldırmıştı.

2) Hem bu yenilgi, Allah için cihat edenleri ve savaşmak istemeyenleri belli etmek, güçlüklere göğüs geren, dayanan, sabreden gerçek müminlerle münafıkları ayırmak, harp meydanında sebat gösterenlerle göstermeyenleri ortaya çıkarmak içindi ve bir imtihandı. Böyle bir imtihana girmeden, bu çetin soruları doğru cevaplandırmadan; kolayından cennete girileceğini sanmak doğru değildi.

Abdullah b. Übey ve onun gibiler "*bizi dinleselerdi Uhud'da ölmeyeceklerdi*?" diyorlardı. "*Hayat*" denen kudret mucizesini yaratan Yüce Allah olduğu gibi, onu istediği zaman, istediği yerde ve

---

[206] Köksal, III, 238.
[207] *Âl-i İmran,* 3/140-142.
[208] *Âl-i İmran,* 3/168.

geçici olarak hayat sahiplerine bahşeden de oydu. Hayatı verirken zamanını bize danışmadığı gibi, ölümü vereceğinde ve insanların eceli geldiğinde de bize danışmıyor, istediği anda ruhları alıyordu. Ölümün ne zaman gerçekleşeceği kaderde vardı, ama insanlar kimin nerede ve ne zaman öleceklerini bilemezlerdi.

Her ne kadar insanlar, ölmemek için bazı sebeplere başvursalar da, ecel/ölüm vakti gelmişse o zamanında gerçekleşecek, ecel ve kader değişmeyecekti. Bazı sebeplerle (ilaç, tedavi, tedbir vs.) insanların ölümü gecikiyor gibi görünse de, bu sebeplerdeki güç ve kudretten değil, ecelin gelmemesindendi. Gerçekten sebeplerde hakiki tesir olsaydı insanlar ölmezdi.

17. Elimizde Olmadan Gelen Musibetler

Diğer yandan insanın başına elinde olmadan bazı musibetler de gelebilir. Bunların da önemli hikmetleri vardır.

Hz. Peygamber bir gün Medine'de şöyle buyurmuştu:

"Müslümana yorgunluk, hastalık, düşünce, hüzün, acı, gam, hatta diken batmasına kadar ne gelirse gelsin, Allah bunlarla ancak onun hatalarını örter."[209]

Hz. Ayşe de aynı mealde olan şu hadisi nakleder:

"Rasulullah şöyle buyurdu:

'Müslüman'a isabet eden hiçbir musibet yoktur ki, Allah onlarla (ondan sadır olan hatalarına) kefarette bulunmasın, (böylece onları örtüp yok etmesin).'"[210]

Bu açıklamalar gösterir ki; her türlü musibet, gam, keder, hüzün, düşünce, yorgunluk ve acı veren şey, müminin bazı hatalarına kefaret olur, onları siler ve yok eder. Böylece bir bakıma musibet içinde merhamet tecelli eder; müminin hataları ahirete bırakılmaz, o da ahiret azabından kurtulur ve derecesi yükselir. Şu halde bu tür musibetler neticeleri itibariyle güzeldirler, acı ilaca benzerler, bizi,

---

[209] Umâre, s. 375, nr. 607; (Buhari, merda ve't-tıb, 1); İbnu Ebi'l-Izz, s. 366.
[210] Umâre, s. 375, nr. 606; (Buhari, merda ve't-tıb, 1).

ahiretimizi, ebedî dünyamızı karartacak manevî hastalıklar olan günahlardan kurtarırlar. Bu açıdan, kadere rıza ve kadere teslim olmak gerekir.

Hz. Peygamber, musibetler ve hastalıklarda kadere rıza konusunda şu açıklamayı da yapmıştı:

"Men yüridillâhu bihî hayran, yusıb minhu = Allah bir kimseye hayır/iyilik dilerse (günahlarına kefaret ve derecesini yükseltmek için), musibete uğratır."[211]

Abdullah b. Mesud da bu konuda şunları anlatır:

"Hastalığında Nebi sallallahu aleyhi ve selleme geldim. O şiddetli bir sıtmaya (ateşe) yakalanmıştı. Ona şöyle dedim:

'Sen sıtmaya (ateşe) yakalanmışsın (titriyorsun).'

Ve ekledim:

'Size bununla iki kat sevap olduğu için mi?'

O şöyle buyurdu:

'Evet, hiçbir Müslüman (Allah'a teslim olan) yoktur ki, ona bir eza (üzüntü, acı) isabet etsin de Allah ondan hatalarını ağaçlar yapraklarını döktüğü gibi dökmesin."

Şu halde Müslüman, kadere rıza gösterirse, şikâyet yerine şükrederse; Allah hastalıklar ve musibetlerle onu hatalarından temizleyecektir. Bu açıdan musibetler ve üzüntüler, birer nimet ve rahmettir. Onlardan şikâyet değil, onlara teşekkür edilmeli, bu tür musibetler sabır ve şükürle karşılanmalıdır. Demek hastalıklar ve musibetler, bir bakıma Allah'ın ihsanı ve hediyesidirler. Bu açıdan, Allah en şiddetli bela ve musibetleri en sevdiği kullarına, peygamberlere vermiştir.

Müslümanlar hastalık, bela ve musibetlerde rıza yolunu tutmalı ve şu ayeti hatırlamalıdır:

"Onlar ki, kendilerine bir musibet gelince; şöyle derler: "İnnâ lillâh ve innâ ileyhi râc'ûn = Mutlaka biz Allah'a aidiz ve ona dönücüleriz."[212]

---

[211] *A.g.e.*, s. 376, nr. 606.

[212] *Bakara*, 2/156; ayrıca bkz. *Lokman*, 31/17; *Hac*, 22/35.

Hz. Peygamber elde olmadan gelen musibetler konusunda ayrıca şöyle buyurmuştur:

"Allah bir kavme/topluma azap indirince, onlar içinde onlara bu azap isabet eder. Ama daha sonra onlar (onlar içindeki iyi kimseler) amellerine göre diriltilirler."[213]

Görülüyor ki, kıtlık, hastalık, deprem, zorluklar, pahalılık ve toplu ölümler gibi, başa gelen azaplar (zorluklar ve sıkıntılar) bir topluma indirilince; toplumda her türlü insana isabet edebilir. Bu tür azaplar kötülere geldiği gibi, iyilere de gelir. Eğer azap sadece kötülere isabet etse imtihan sırrına aykırı olur. O zaman ister istemez herkes iyiliğe yönelir. Ama Allah, haşirde insanları diriltince, iyileri mükâfatlandıracak, herkese ameline göre muamele edecektir.

18. Musibet Allah Yazdıysa Gelir

Mümin kaderde olmayanın başına gelmeyeceğini bilir. Musibetlerde de durum böyledir. Hadid Suresinin 22. ayetinde şöyle buyrulur:

"Yeryüzünde olan ve kendinize gelen bir musibet yoktur ki, biz onu yaratmadan önce bir kitapta (yazılmış) olmasın. Mutlaka bu (size göre zor ve imkânsız görünse de) Allah'a pek kolaydır. Böylece (inanarak), elinizden çıkana üzülmeyesiniz, Allah'ın verdiklerine de şımarmayasınız; Allah kendini beğenip böbürlenenleri sevmez."[214]

Burada her şeyin kaderde yer aldığı açıklandığı gibi, musibetlerin de önceden kaderle takdir edildiği beyan edilir. Bu durum, Allah'a göre son derece kolaydır. Ayrıca başına musibet gelen mümin: *"Kaderde varmış ki, başıma geldi"* diye düşünüp kaybettikle-

---

[213] Umâre, s. 455, nr. 775; (Buhari, fiten, 19).

[214] *Hadid,* 57/22-23; Bu konuda ayrıca bkz. Taftazani, *Şerhu'l-Akâid,* s. 192, 203, 221-222, 234-235; Watt, s. 108, 110, 118, 128-130, 392.

rine üzülmemeli, eğer ona bir nimet verilmişse buna da şımarmamalıdır.

Tevbe Suresi 51. ayeti de bu konuya açıklık getirir. Münafıklar Rasulullah'a bir zafer ve ganimet nasip olunca sevinmezler, savaşla müminlere bir musibet (yenilgi, zarar ve ölüm) geldiği zaman da *"Savaşa girmemekle işimizi sağlama aldık"* diye düşünüp böbürlenirlerdi. Bu tavırlarına karşı Rasulullah'a şöyle emredilmişti:

"(Resulüm) de ki; 'Allah'ın yazdığından başka bize asla (bir) musibet gelmez, Allah bizim mevlamız (dostumuz, yardımcımız ve Rabbimizdir), müminler de ancak ona tevekkül etsinler (dayanıp güvensinler)"[215]

Demek her şey, başa gelen iyilik ve kötülükler Allah'ın kader ve kazası iledir. Mümine bir musibet gelince; *'kaderde varmış ki, başıma geldi, Allah benim mevlâm, yâr ve yardımcımdır, ona tevekkül ediyorum, kader ve kazasına razıyım, elbet bunun da hikmetleri vardır'* diyebilmeli, musibetlere sabretmeli ve rıza göstermelidir. *"Men âmene bil kader emine mine'l-keder = Kadere iman eden kederden emin olur."* İlkesi de bunu gerektirir.

Ama bir Müslüman, günah işlemeye karar verip, *"İlahî takdir böyle"* diyerek günah işleyemeyeceği gibi, günahı işledikten sonra: *"Takdir-i İlahî böyleymiş"* diye suçu kadere yükleyemez ve kendini mazur gösteremez.[216] Küfre rıza küfür olduğu ve razı olanı kâfir ettiği gibi, günaha rıza da işleyeni günahkâr eder.

Kadere rızayı bu şekilde anlamak doğru değildir. Burada insan günaha rıza göstermektedir. Oysa Allah o günahı nehyedip yasaklamakla ona razı değildir. İyi-kötü her şeyin yaratıcısı Allah'tır. Bunu kabul edip rıza göstermek gerekir. Ama onun razı olmadığını işleyip *"kaderde varmış"* diye suç kadere yüklenmemelidir. Kur'an ayetleri ve hadis-i şeriflerde *"küfre ve günahlara razı olun ve işleyin"* diye bir hüküm yoktur. Zaten irade, mesuliyet/sorumluluk için insana verilmiş, kader de, insanı gurur ve kibirden kurtarmak hikmetiyle inanç esasları içinde yer almıştır.

---

215 *Tevbe,* 9/52; Aydın, s. 362.

216 Aydın, s. 369; Gölcük, *Kelam Açısından İnsan ve Fiilleri,* s. 231-232.

19. Yapılanlara Karşılık Ceza ve Mükâfat

Hakim b. Hişam'ın oğlu Hişam Rasulullah'la beraberdi. Biri Hz. Peygamber'e şöyle sordu:

"Ey Allah'ın Resulü, (iyi) amel işleyelim mi, yoksa hüküm daha önce verilmiş midir?"

Soru kaderle ilgiliydi. O Rasulullah'a iyi salih amel işleyip, işlememeyi soruyordu. Eğer önceden insanların Cennete veya Cehenneme gideceği belliyse ve hüküm verildiyse çalışmanın, Allah'ın emrettiklerini yapmaya gayretin anlamı var mıydı?

Hz. Peygamber soruya şu karşılığı verdi:

"Allah, Âdem neslini Âdem'in sırtından çıkarınca, onları kendilerine şahit tuttu. Sonra onları iki avucunun içine döktü ve şöyle dedi: 'Bunlar Cennetlik, bunlar da Cehennemliktir; Cennetliklere Cennetliklerin ameli/işi, Cehennemliklere de Cehennemliklerin işi kolaylaştırılır.'"[217]

Daha önce de zaman zaman üzerinde durduğumuz bu tür açıklamalar, şunları göstermektedir:

"Cennetlik ve Cehennemlik belliyse, amele ne gerek var?" düşüncesi doğru ve sağlıklı değildir. Hz. Peygamber de *"Evet, Cennetlikler ve Cehennemlikler bellidir, bunun için amele gerek yoktur"* dememiştir. O açıklamalarında hep amele, iyiliklere gayreti vurgular. Cennetlik ve Cehennemliklerin Allah katında belli olması ameli bırakmayı gerektirmez; Çünkü Yüce Allah ayetlerde insanların yaptıklarından dolayı ceza veya mükâfat göreceğini açıklamıştır:

Bu konudaki ayetlerin bazıları şöyledir:

"Li yecziyallâhu külle nefsin mâ kesebet = Allah her nefse kazandığıyla ceza (karşılık) vermek için (onları diriltecektir)."[218]

---

[217] İbn-i Mace, II, 1312 vd. fiten, 12, Ahmed b. Hanbel, V, 231, 237, 245; Mustafa Sabri Efendi, s. 157; Mehmed Vehbi, *Akâid-i Hayriye,* s. 27-31.

[218] *İbrahim,* 14/51.

"İman edenlere söyle:... O (ceza) günleri Allah'ın her toplumu, yaptığına karşılık cezalandırması (karşılığını vermesi) içindir."[219]

"Kim iyilik yaparsa lehine, kim kötülük yaparsa aleyhinedir."[220]

"Göklerde ve yerde bulunanlar hep Allah'ındır. Bu, kötülük edenleri amellerine karşılık cezalandırmak, iyilik edenleri de daha güzeliyle mükâfatlandırmak içindir."[221]

"Bugün (kıyamette) herkese kazandığının karşılığı verilir, bugün haksızlık yoktur."[222]

"Ve Allah, gökleri ve yeri yarattı ve bundan dolayı herkes kazandığına (yaptığına) göre karşılık görür, onlara zulmedilmeyecektir."[223]

"Sonra zulmedenlere (günahkârlara ahirette) şöyle denilecek: 'Ebedî azabı tadınız. Kazanmakta olduğunuzdan başkasıyla mı karşılık göreceksiniz?"[224]

"(Rabbinin huzuruna) kötülükle gelenler de, yüzükoyun Cehenneme atılırlar (ve kendilerine şöyle denir: 'Hel tüczevne illâ mâ küntüm ta'melûn = Ancak yaptıklarınızın karşılığını görmektesiniz."[225]

Şu halde herkese kazandığının, yaptığının karşılığı verilecek, herkes yaptığına göre karşılık görecektir. Öyleyse iyiliğe gayret edip, iyi karşılık görmeye çalışmak gerekir.

"Ve mâ tüczevne illâ mâ küntüm ta'melûn = Başka bir şeyle değil, ancak yaptıklarınızla cezalandırılacaksınız."[226]

İnsanların ancak yaptıklarıyla ceza veya mükâfat göreceğine dair daha başka ayetler de bulunmaktadır.[227] Bu konuda; ceza, kesb, amel ve zulümle ilgili ayetlere bakılabilir. Öyleyse kadere

---

[219] *"Li yecziye kavmen, bimâ kânû yeksibûn."* bkz. *Câsiye,* 45/14.
[220] *Câsiye,* 45/15, 29.
[221] Necm, 53/31.
[222] *Gâfir,* 40/17.
[223] *Câsiye,* 45/22.
[224] *Yunus,* 10/52.
[225] *Neml,* 27/90; krş. *Yasin,* 36/54.
[226] *Saffât,* 37/39, Ayrıca bkz. *Tur,* 52/16; *Tahrim,* 66/7.
[227] Muhammed Fuad, s. 168-169.

güvenerek veya suçu ona yükleyerek *"ameli terk"* asla söz konusu olmaz. Allah herkese yaptığının karşılığını verecek ve zulmetmeyecektir. Kullar fiillerinden mesuldürler.[228] Bu açıdan, İslâm'ın kader inancı insanları tembelliğe ve uyuşukluğa sevk etmez, elini kolunu bağlamaz ve iradeyi engellemez. Ancak insanları rahatlatır ve ümitsizliği engeller.[229]

20. "Ben Genç Bir Adamım"

Medine döneminin son yıllarıydı. Bir gün Rasulullah'a bekâr sahabelerden Ebu Hureyre geldi ve şöyle yakındı:

"Ey Allah'ın Resulü, ben genç bir adamım, nefsimin zorlanmasından korkuyorum."

Onun günaha düşeceğinden korkması ve durumunu anlatması karşısında Hz. Peygamber ona cevap vermedi. Ebu Hureyre aynı şeyleri tekrar edince ondan yine bir karşılık alamadı. Üçüncü kez durumunu dile getirince Rasulullah'tan yine cevap gelmedi. Dördüncü kez korkusunu dile getirince Hz. Peygamber ona şunları söyledi:

"Ebu Hureyre, karşılaşacağın şeyle ilgili kalem (kaderi yazdı ve) kurudu. Ona göre artık ister kır at; ister bırak."[230]

Hz. Peygamber burada bir yandan kaderin varlığını açıklarken, diğer yandan her şeyin ona göre gerçekleşeceğini söylemiş oluyordu. Ebu Hureyre'nin endişesi yersizdi; çünkü her korkulan şey başa gelmezdi. Ancak kaderde olan kullara isabet edecekti.

21. Bütün Ümmet Bir Araya Toplansa

Abdullah b. Abbas, Medine döneminde yaşadığı bir olaydan şöyle söz eder:

---

228 Mustafa Sabri, s. 229 vd.

229 *A.g.e.*, s. 293 vd.

230 Mustafa Sabri, s. 161; Mehmed Vehbi, *Akâid-i Hayriye,* s. 29-32.

"Ben (bir binekte) Rasulullah'ın (s.a.v.) arkasındaydım. Bana şöyle dedi:

'Oğlum, sana bazı kelimeler (sözler, bilgiler) öğreteyim:

-Bir şey isteyince Allah'tan iste ve yardım isteyince Allah'tan yardım iste. Şunu bil ki sana yardım için tüm ümmet bir araya toplansa, Allah sana o yardımı yazmamışsa sana yardım edemezler. Kalemler kaldırıldı, sahifeler kurudu (her şey kaderde olduğu gibi gerçekleşir).'"[231]

Şu halde kader vardır, Allah olmuş olacak her şeyi orada yazmış, Levh-i Mahfuz'da kaydetmiştir. Ama diğer yandan kader iradeyi zorlamaz, insana düşen kendine sorumlu olduğunun en iyisini yapmaya çalışmasıdır.

22. Seni Hırsızlığa Zorlayan Nedir?

Hz. Ömer'in hilafet yıllarıydı. Bir gün kendisine bir hırsız getirildi. Hz. Ömer hırsızı sorguya çekecek, onun hak ettiği cezayı verecekti. Suçluya sordu:

"Seni hırsızlığa zorlayan nedir?"

Hırsız cevap verdi:

"Allah'ın kaza ve kaderi."

Adam, kader ve kazanın kendisini hırsızlığa zorladığından söz ediyordu. Buna göre hırsızlık yapmadan önce kaderini görmesi ve onda olana göre hırsızlığı yapması gerekiyordu. Oysa gerçekleşmeden önce kimse kaderinde ne olduğunu bilemezdi.

Ayrıca, hırsız burada suçu kader ve kazaya yüklemek istiyordu. Allah onun hırsızlık yapacağını biliyordu ve *"şu gün şu insan hırsızlık yapacak"* diye yazmıştı. Ama o *"yapsın"* diye yazmamıştı. Şimdi hırsızlığı yapanı mı, yoksa yaptığını bileni ve tespit edeni mi suçlu görmek ve cezalandırmak gerekecekti?

---

[231] Mustafa Sabri, s. 161, 163.

Bir muhabir, cinayeti görür, bilir, tespit eder, cani ise onu işler. Burada suçlu; cinayeti gören, bilen, haber yapan mı, yoksa işleyen midir? Yahut şöyle diyelim: Hırsızlığı tespit eden, kaydeden kamera mı suçludur, yoksa hırsızlığı yapan mı? Kader kamera gibidir, nasılsa öyle tespit eder. Ama suçlu kaderse o zaman hırsızı değil, kamerayı cezalandırmak, hırsızı değil kaderi suçlamak gerekir.

Hz. Ömer, uyanık hırsızın suçu kadere yüklemesine aldırmaz. Önce suçunun cezasını uyguladı, sonra kendisini sopalattı. Ardından niye böyle yaptığını şöyle açıkladı:

"Hırsızlık yaptığın için cezalandırdım, Allah'a yalan isnat ettiğin (iftira ettiğin) için de sopa vurdum."[232]

Cezanın suçluya yüklendiğine bakılırsa, suçlu kaza ve kader değil, hırsızdır. Hırsız kaderi suçladığına göre, aslında *"hırsızlığı isteyen ve bana yaptıran Allah'tır"* demek istemektedir. Oysa Allah, kötülüğü istemez, ona razı değildir[233] ve kimseye *"bunu yap"* emrini vermez. Günahları ve kötülüğü kadere yüklemek, *"o kötülüğe ve günaha razıdır"* demek olur ki, bu da büyük bir yalan ve iftiradır. Hz. Ömer'in iftira saydığı şey bu olmalıdır.

Cenab-ı Hak küfre, kötülüğe ve şerlere razı olmadığını, hep iyilikleri emredip, kötülükleri yasakladığını Kur'an-ı Hakîm'de defalarca açıklamıştır. O ayetlerden biri şöyledir:

"Eğer inkâr ederseniz, şüphesiz Allah size (iman ve ibadetinize) muhtaç değildir. Bununla beraber o, kullarının küfrüne razı olmaz. Şükrederseniz bundan memnun olur, hem hiçbir günahkâr diğerinin günah yükünü çekmez..."[234]

O ayetlerde açıklandığı üzere, muhsinlerden, sabredenlerden, müminlerden, iyi amellerden, kendisinden korkanlardan, İslâm'dan, imandan ve benzerlerinden razıdır. Fısktan (küfür ve günahtan) ve bunu yapan fasıklardan razı değildir.[235]

---

232 Aydın, s. 25 (İbn-i Kemal, *er-Risale fî Beyâni'l-Kazâ ve'l-Kader,* Süleymaniye Kütb., Düğümlü Baba, nr. 333/1, vr. 3/b. den).

233 Mehmed Vehbi, *Akâid-i Hayriye,* s. 31-32; Bilmen, *Mülahhas,* s. 85-86.

234 *Zümer,* 39/7; Muhammed Fuad, s. 331.

235 *Tevbe,* 9/96.

23. Hz. Ali'ye Sorulan Soru

Hz. Ali, Sıffin savaşından dönerken, yaşlı biri kendisine şöyle sordu:

"Ne dersiniz, Şam'a yani Sıffin'e gidişimiz Cenab-ı Hakk'ın kaza ve kaderiyle mi oldu?"

Hz. Ali cevap verdi:

"Taneyi yarıp içinden filizi çıkaran, yoktan bilinçli insanlar yaratan Cenab-ı Hakk'a yemin ederim ki, biz bir yere, bir dereye ve bayıra ancak Cenab-ı Hakk'ın kaza ve kaderiyle bastık, indik ve çıktık."

Sözü ihtiyar aldı:

"Çektiğim zahmete karşılık Allah katında mükâfata nail olmak isterim, oysa kendim için bir ecir ve sevap görmüyorum."

Hz. Ali bu düşünceye karşı çıktı:

"İhtiyar sus. Sıffin'e giderken, gidişiniz için Cenab-ı Hak büyük ecir ve ihsan buyurdu. Siz de hal ve hareketlerinizden bir işte mecbur tutulmadınız."

"Nasıl yani, hani bizi kader ve kaza sevk etmişti?"

"İhtiyar, galiba sen, kaza ve kaderi insanları işlerine mecbur kılan kaza, zorlayan kader sandın, öyle mi? Öyle olsaydı, sevap ve ikab, vaad ve vaid (Cennet vaat etmek ve Cehennemle korkutmak), emir ve nehiy batıl olurdu. Ayrıca Cenab-ı Hak tarafından günahkârı kınama, iyilik yapanı ve itaat edeni övme olmazdı. İyilik yapan fenalık edenden çok övgüye, fenalık eden de iyilik edenden çok kınamaya layık bulunmazdı..."

Hz. Ali kader ve kaza konusunda önemli açıklamalarda bulunuyordu. Kader insanı ve iradesini zorlayıcı değildi. Bu takdirde sevap ve günaha gerek yoktu ve kul mesul olmazdı. İyilikleri emir, kötülüklerden nehyin de anlamı olmazdı. Bir de günahkârı yermek, iyilik ve itaat edeni övmek de manasız olurdu. Çünkü bu tür bir kader anlayışı ihtiyarı/iradeyi insandan almış ve onu zorlamış oluyordu.

Yaşlı adam tekrar sordu:

"Öyleyse bizim kendisiyle yürüdüğümüz ve hareket ettiğimiz kader nedir (nasıl bir kaderdir?)"

Hz. Ali açıkladı:

"O (kader) ancak Allah'ın emri/işi ve hüküm sahibinin hükmü/kararıdır."

Sonra ona şu ayeti okudu:

"Rabbin, yalnız kendisine kulluk etmenizi ve ana-babaya iyi davranmanızı emretti."[236]

Hz. Ali burada, kaderin Allah'ın işi (görevi) olduğunu belirtirken, kulların işinin de ancak Allah'ın emirlerini tutmak ve ona kulluk olduğunu belirtiyordu. İnsanlar kendi işine bakmalı, üzerine düşeni yapmaya çalışmalıydı. Kader Allah'ın, ulûhiyetin bir sırrıydı, insanlar ona değil, kendine düşeni yapmaya kafa yormalı ve bu konuyu çok önemsemeliydi. Çünkü onların sorumluluğu, kendilerine emredilenler ve nehyedilenler konusundaydı.

24. Allah'ın İlminde Bu Böyleydi

Adamın biri, Hz. Ömer'in oğlu Abdullah'a gelerek şöyle yakındı:

"Zamanımızda bazı adamlar zuhur etmiştir ki; bunlar zina ediyorlar, çalıyorlar, şarap içiyorlar, Allah'ın haram kıldığı kişileri öldürüyorlar ve bize karşı delil göstererek şöyle diyorlar:

'Allah'ın ilminde bu böyleydi.'

Burada adam, suçu kadere yükleyen, suçu ve sorumluluğu üzerlerinden atan, kaderi yanlış yorumlayan bazılarından söz etmektey-

---

[236] *İsra,* 17/23; Aydın, s. 24-26; (Razi, Muhammed b. Ömer, *el-Metâlibu'l-Âliye,* I-IX, Beyrut 1987; IX, 372-373; Taftazani, Mesud b. Ömer, *Şerhu'l-Makâsıd,* I-V, Beyrut, 1989, IV, 268-269'dan); İrfan Abdulhamid, 277, 278.

di. Bunlar sanki her türlü yasağı ve günahı işleyip şöyle diyorlardı: *"Kaderimizde olduğu için bu günahları işliyoruz. Biz suçlu değiliz."* Böylece yaptıkları suçlarda mazur olduklarını dile getirmek istiyorlardı.

İbn-i Ömer sahabe âlimlerindendi. Adam, Abdullah b. Ömer'in konuyu çözmesini, böylelerine nasıl cevap vermek gerektiğini soruyordu. Bu insanlara göre suçlu kaderdi ve onları günahlara zorlamaktaydı.

Abdullah b. Ömer, bu düşünce üzerine kızdı ve adama şu açıklamayı yaptı:

"Sübhanallah! (Allah'ı noksan sıfatlardan tenzih ederim). Allah'ın ilminde bu böyledir. Lakin onun ilmi (bilgisi) onları günaha zorlamamıştır."[237]

1) Anlatılan olayda kader, insan iradesini zorlamak ve onu hükümsüz kılmak olarak anlaşılmaktadır. *"İlim maluma tabidir"* ve *"kaderle iradenin tevfiki"* konularında bu duruma temas ettik. Cenab-ı Hakk'ın İlm-i Ezelîsi böyle yazdığı için kişi o işleri yapmamaktadır. Aksine bizim öyle işleyeceğimizi bildiği için, kaderimizde yapacaklarımız tespit edilmiştir.

2) Yüce Allah kaderde *"şöyle olsun, şöyle yapsın"* diye yazmamış, *"şöyle olacak, şöyle yapacak"* diye yazmış ve bilmiştir.[238] Yani kötülüklerin yapılmasını ve olmasını isteyen o değil, onları yapanlardır. Bu açıdan suçlu, kaderi tespit eden ve bilen değil, kötülük ve günahları işleyendir. Kötülük işleyen aleyhine, iyilik işleyen de lehine olarak işler. Cenab-ı Hak her şeyin yaratıcısı olsa da kötülüklerin yapılmasına razı değildir[239] ve hep iyilikleri emreder.

3) Bir kısım ayetler gösterir ki, insanlar yaptıklarına karşılık ceza ve mükâfat göreceklerdir. *"Hel tüczevne illâ mâ küntüm ta'melûn = Ancak yaptıklarına karşılık cezalandırılacaksınız. "Cezâen bimâ kânû ya'melûn = Yaptıklarına karşılık ceza olarak (kar-*

---

[237] İrfan Abdulhamid, s. 279 (İbnu'l-Murtaza, Ahmed b. Yahya, *Tabakâtu'l-Mu'tezile,* Susanna Dıwald Wilzer, neşr., Beyrut 1961, s. 10; Taşköprüzade, *Miftahu's-Saâde,* II, 32'den).

[238] Yavuz, "Kader", *DİA,* XXIV, s. 60, Mutlu, s. 45.

[239] *Zümer,* 39/7; Mehmed Vehbi, s. 32; Aydın, s. 22.

şılık görürler)" ayetleri konuya açıklık getirir.[240] Allah istediği için insanlar günah işleseydi, iyiler Kur'an'da övülmez, kötüler de yerilmezdi. Oysa ayetler iyileri övmekte, kötüleri yermektedir.

4) İbn-i Ömer'in sözlerinde *"Sübhanallah"* diye Cenab-ı Hakk'ı tenzih etti. Çünkü Allah kötülüğü istemekten, ona razı olmaktan, onu isteyerek zorla insanlara yaptırmaktan münezzehtir. O zalim de değildir; zorla yaptırdığı kötülük ve günahlara karşılık cezalandırma söz konusu olsaydı; onun zalim olması, adil ve hakîm olmaması da gerekirdi.

5) Bir insanın kötülük yaptığını veya yapacağını bilmek ve onu tespit etmek onu kötülüğe zorlamaz. İbn-i Ömer özellikle bu noktaya da dikkat çekmektedir.[241]

Yanlış kader inancının bu tür suiistimallere konu edilmesinin başka örnekleri de vardır. Rivayete göre Emevi Halifesi Abdülmelik b. Mervan, muhalifi Amr b. Said-i katletmiş ve olayın halka şöyle aktarılması ve ilan edilmesini istemiştir:

"Müminlerin emiri, dostumuzu ezelî kaza ve yürürlükte olan İlahî hüküm böyle olduğu için katletmiştir."[242]

25. "Allah'ın Düşmanları Yalan Söylemiştir"

Ma'bed el-Cüheni, Basra'da Hasan-ı Basri'nin ilim meclisine devam eden biriydi, ama onun kader hakkında cebriyeci görüşleri vardı. Tabiinden olan bu adam, bir gün Ata b. Yesar'la Hasan-ı Basri'ye geldi. Sonra ona şöyle sordular:

"Ey Ebu Said, melikler/hükümdarlar Müslümanların kanını akıtıyorlar, mallarını alıyorlar ve 'bizim fiillerimiz Allah'ın kaderi üzerine cereyan ediyor' diyorlar, ne dersin?"

---

[240] İlgili ayetlerden bazıları için bkz. Taftazani, *Şerhu'l-Makasıd,* IV, 259, 274, 279, 282.

[241] Taftazani, *Şerhu'l-Makasıd,* IV, 228, 232, 233-240, 257-259.

[242] İrfan Abdulhamid, s. 284.

Soru buydu. Yöneticiler kaderde olanı işlediklerini iddia ederek, halkın muhalefet ve itirazlarını kesmek istiyorlardı. Böylece haksızlıklarına ve zulümlerine bir kılıf uydurmuş oluyorlardı. Bu bir kaderdi ve halk kadere (!) razı olmalıydı.

Hasan-ı Basri soru üzerine şöyle dedi.

"Allah'ın düşmanları yalan söylemiştir."[243]

1) Görüldüğü gibi burada da yanlış bir kader inancı söz konusudur: Zalim yönetici, bunu kaderde olduğu için, bir bakıma kader kendini zorladığı için yaptığını söylemekte; ayrıca halkın bu zulme razı olmasını da istemektedir. Oysa insanlar zulmü kaderde olduğu için yapmazlar, Allah zulüm yapacaklarını bildiği için bunu kaderde yazmıştır. Bu, yapılacak şeyi ilmen tespittir ve insanları ve iradelerini zulme ve haksızlığa zorlamamaktadır.

2) Hasan-ı Basri'nin dediği gibi böyle düşünenler ve kaderi böyle anlayanlar aslında Allah'ın düşmanıdırlar. Çünkü bu tür kader anlayışına göre, Allah zulmü istemektedir ve –hâşâ!– bunlarla işbirliği içerisindedir; zalimleri isteğine alet ederek onlara zulüm işletmektedir. Oysa Allah kullarına zulmetmez ve zulüm olana razı olmaz ve zalimlerle işbirliği yapmaz. O hakkı ve adaleti emreder. Yukarıdaki söylemi dillendirenler, bu tavırları ile Allah'a zulüm isnat etmekte, onu zalimlikle suçlamakta ve böylece onun düşmanı olmaktadırlar. Ayrıca söyledikleri, Allah'a karşı bir yalan ve iftiradır. Bu açıdan Hasan-ı Basri'nin söylediği gibi, *"Allah'ın düşmanları yalan söylemiştir."*

Gâfir Suresi 31. ayetinde şöyle buyrulur:

"Vema'l-lâhu yürîdu zulmen li'l-'ıbâd = Allah kullarına zulmü irade etmez."

Bir başka ayet de şöyledir:

"Kul innallâhe lâ ye'muru bi'l-fahşâi = (Ey Resulüm) de: Allah fahşayı (günahları) emretmez."[244]

---

[243] *a.g.e.,* s. 286.
[244] *Bakara,* 2/205; Taftazani, *Şerhu'l-Makasıd,* IV, 274, 279.

O, iyilikler için iyi sonuçlar vaat ederken, kötülük işleyenler için de vaidlerde bulunur ve onları yerer.

26. Hasan-ı Basri'nin Mektubu

Tabiûnun büyüklerinden olan Hasan-ı Basri'ye Kûfe'de zaman zaman kaderle ilgili problemler aktarılıyor ve görüşlerinden yararlanılıyordu. Hatta o, Emevi halifesi Abdülmelik b. Mervan'a yazdığı bir mektupta kader konusunda akıl karıştıran bir konuda açıklamada bulunmuştu. Mektubun bir yerinde günahların sorumluluğunu kadere yükleyen zihniyetle ilgili olarak şunları söylüyordu:

"Eğer iş hata edenlerin dediği gibi olsaydı, iyi amel işleyen için övgü, ihmal eden için ise bir kınama söz konusu olmazdı. Ve Allah Teâlâ, 'Yaptıklarından dolayı ceza olarak...' demezdi de, 'benim onlara yaptığımdan dolayı ceza olarak' derdi."[245]

1) Anlaşılan o ki, Hasan-ı Basri, kader konusunda sorulan veya sorulması pek muhtemel konu hakkında halifeye yol göstermekteydi. Abdullah b. Ömer'e de benzer bir soru sorulmuştu.

2) Hata edenler, günah işleyenler sorumluluktan kurtulmak için *"Allah'ın ilminde (kaderde) bu böyleydi, benim suçum yok, kaderde olduğu için bu günahı işledim"* gibi şeyler söylüyorlardı. Bu takdirde kaderin iradeyi zorlaması, Allah'ın kötülük işlenmesine rızası ve Allah'a günah ve zulüm isnadı söz konusu olacaktı.

3) Hasan-ı Basri önemli bir noktaya daha dikkat çekmekteydi: Durum, suçu kadere yükleyenlerin dediği gibi olsaydı, Allah kitabında iyileri över, kötüleri yerer miydi?

İnsanın amel işlemede hür iradesi olmasaydı; övmenin, yermenin, emretmenin yasaklamanın, mükâfat ve mücazatın, vaat ve vaidin, peygamber göndermenin ne anlamı vardı? İyilikle kötülüğün, iyilik yapanlarla kötülük yapanların ne farkı olacaktı[246] Oysa irade aslında sorumluluğu yüklenmek, iyiye, mükâfata, güzel vaat-

[245] İrfan Abdulhamid, s. 288.

[246] Taftazani, *Şerhu'l-Makasıd,* IV, 252, 259-260.

lere yönelmek için insana verilmişti. Suç bir kaderse ve o iradeyi zorluyorsa, emretmek ve nehyetmek de anlamsızdı. Oysa Cenab-ı Hak, şerre, küfre ve kötülüğe razı değildi, bunları istemez ve insanlara zorla yaptırmazdı.[247]

4) Diğer yandan Kur'ân-ı Kerim, insanların hür iradeleriyle yaptıklarına karşılık ceza veya mükâfat görecekleri açıklıyordu.

"Ancak yaptıklarınıza karşılık cezalandırılacaksınız."[248]

"Ancak kesp ettiğinize (kazandığınıza) karşılık cezalandırılacaksınız"[249]

"Bugün (kıyamette) kimseye zulmedilmez, yaptıklarınıza karşılık cezalandırılırsınız (iyi ve kötü karşılık görürsünüz)."[250]

"... Cezâen bimâ kânû ya'melûn = Yaptıklarına karşılık olarak (Cennet nimetleri verilir)"[251]

Hür irade ile yapılanlara ceza veya mükâfat vaat edildiğine göre, sorumlular insanlardır. Yoksa Yüce Allah, Hasan-ı Basri'nin de dediği gibi, *"Yaptığıma karşılık, ceza olarak..."* derdi.

27. Tedavi ve Tevekkül

Hz. Peygamber hastalığı sırasında ateşinden zaman zaman bayılıyordu. Hatta ölümüne yakın saatlerde bir ara özellikle *"Kölelerinize iyi davranınız, namaza dikkat ve devam ediniz"* derken de bayılmıştı.[252] O sırada Hz. Fatıma yanındaydı; *"vay babacığımın çektiklerine"* deyip ağlamaya başlayınca Rasulullah şunları haber verdi:

---

[247] *a.g.e.,* IV, 255-279.
[248] *Neml,* 27/90.
[249] *Yunus,* 10/52.
[250] *Yasin,* 36/54; Benzer ayetler için ayrıca bkz. *Saffât,* 37/39; *Câsiye,* 45/28; *Ahkâf,* 46/14, 30; *Tur,* 52/16; *Tahrim,* 66/7; *En'âm,* 6/120; *Araf,* 7/147; *Kehf,* 18/88.
[251] *Vakıa,* 56/24.
[252] Diyarbekri, II, 166.

"Bu günden sonra baban ağrı çekmeyecektir, ağlama kızım. Ben vefat edince, 'İnnâ lillâh ve innâ ileyhi râci'ûn' de." [253]

O hastayken bazen ateşini düşürmek ve şifaya kavuşmasını sağlamak üzere üzerine su dökülmüş, zâtülcenp/akciğer iltihabı olduğu düşünülerek bazı tedaviler de uygulanmıştı.[254]

Zaten Rasulullah zaman zaman hastalıkların tedavi edilmesini tavsiye ederdi. Bir gün kendisi Medine'de yaralı birini ziyarete gitmişti. Hastayı ziyaret etti ve şöyle emretti:

"filan kabilenin tabibini çağırınız."

Doktor gelince ona şöyle sordu:

"Ey Allah'ın Resulü, ilaç ve tedavi işe yarar mı?"

Böylece o, tedavi ile Allah'a tevekkülden uzaklaşıldığı düşüncesini dillendirmeye çalışıyordu. Rasulullah ona şu açıklamayı yaptı:

"Sübhanallah! Acaba aynı zamanda tedavi ve ilacını yaratmaksızın, Allah yeryüzünde bir hastalık yaratmış mıdır?"[255]

Yine bir gün Rasulullah'a uğrayan bedevîler şöyle sormuşlardı:

"İlaç kullanmak suretiyle tedavi olmak İslam'da meşru mudur?"

Rasulullah soruya şu karşılığı verdi:

"Evet, ihtiyarlık müstesna, aynı zamanda tedavi ve ilacını yaratmaksızın Allah hiçbir hastalık yaratmamıştır."[256]

Tedavi olunmalıydı, tedavi şifanın bir sebebiydi. Her hastalığın ilacı varsa, bu aranmalı, araştırılıp bulunmalıydı. Tedavi ile bu sebebe bağlı olarak şifayı veren Allah'tı. Onun güzel isimlerinden biri de '*Şâfi/Şifa Verici*' idi. Diğer yandan Şâfi isminin tecellisi için hastalıklar gerekiyordu.[257]

---

[253] İbn-i Sa'd, II, 312.

[254] İbn-i Hişam, IV, 327, 329. O günün bilinen bazı hastalıkları için bkz. Hamidullah, *İslâm Peygamberi,* II, 878, nr. 1343.

[255] Hamidullah, II, 870, nr. 1319 (Ahmed b. Hanbel, V, 371'den).

[256] *A.g.e.,* II, 870, nr. 1324.

[257] Hz. Peygamberin ilaç ve tedavi konusundaki başka söz ve tavsiyeleri için bkz. Hamidullah, *İslâm Peygamberi,* II, 867-880, nr. 1313-1350.

28. Rüya Kader İlişkisi

Hepimiz rüya/düş görürüz. Kur'an-ı Kerim ve Sünnette de rüyalardan söz edilir. Kur'ân-ı Kerim, Hz. İbrahim, Hz. Yusuf ve Mısır hükümdarı Firavun'un gördüğü rüyalardan ve bunların gerçekliğinden söz eder.[258] Demek rüyada insana gayb âleminden bazı gerçekler ilham yoluyla bildirilebilmektedir. Bunun için kişinin mümin olması da şart değildir. Firavun'un gördüğü rüya Yusuf (a.s.) tarafından salih/sadık rüya olarak kabul edilmiş ve yine kendisi tarafından tabir edilmiştir. Bu tabir aynen gerçekleşmiş, yedi yıllık bir bereket döneminden sonra kuraklık başlamıştır.

Ayrıca Fetih Suresi 27. ayetinde Rasulullah'ın bir rüyası ile ilgili olarak şöyle buyrulur:

"And olsun ki Allah, Resulünün rüyasını doğru çıkardı. Allah'ın dilemesiyle siz mutlaka güven içinde, başlarınızı tıraş etmiş ve kısaltmış olarak, korkmaksızın Mescid-i Haram'a gireceksiniz. Elbette Allah sizin bilmediklerinizi bilir..."[259]

Bir insan ve peygamber olan Resul-i Ekrem, hicretin 6. yılında, rüyasında müminlerin Mekke'ye girip umre yaptıklarını görmüş, bu rüya daha sonra gerçekleşmişti. Şu halde rüyalarda, insana gelecekteki bazı şeylerin haberi verilebilmekteydi. Ayette belirtildiği üzere Allah rüyayı doğru çıkarıyorsa, bazı rüyalar sadık/salih, iyi rüyalardı.

Rasulullah da farklı açıklamalarında rüyalardan ve onların tabirinden söz etmişti. Aşağıdaki açıklamalar ona aittir:

"Salih bir adamdan güzel bir rüya, nübüvvetin kırk altı parçasından bir parçadır."[260]

---

258 *Yusuf,* 12/5, 43, 100; *İsra,* 17/60; *Saffât,* 37/105.

259 *Fetih,* 48/27.

260 *"Er-Ru'ya'l-hasanetu mine'r-raculi's-sâlihi, cüz'ün min sittetin ve erba'îne cüz'en mine'n-nübüvveti"*; Umare, s. 444.

"Güzel rüya (er-ru'yâ es-saliha) Allah'tandır, fena rüya (hulm) şeytandandır."

"Nübüvvetten geriye ancak mübeşşirât kaldı."

Bu açıklaması üzerine sordular:

"Peki, mübeşşirat nedir?"

Şöyle cevap verdi:

"Er-ru'yâ es-sâlihatu= Salih rüya."[261]

Görülüyor ki, müminlerce görülen sadık rüya peygamberliğin 46 parçasından biridir. Hz. Peygamber'e gelen vahiy 23 yıl devam etmişti, bu zaman altışar aylık parçalara bölünürse kırk altı parça eder. Hz. Peygamber peygamberliğinin başlangıcında altı ay sadık/salih rüyalar görmüş, rüyasında gösterilenler gündüz gerçekleşmişti. Bu dönemden sonra vahiy başlamıştı. Hz. Peygamber, salih müminin salih rüyasını, nübüvvetinin ilk 6 aylık parçasına benzetiyordu ve bu tür rüyaları nübüvvetin bir tür parçası olarak görüyordu. Demek Rahmanî, sadık rüyalar birer ilham-ı Rabbanî ve gabya açılan birer pencereydi. Hz. Peygamber rüya konusunda şu değerlendirmeyi de yapmıştı:

"Zaman (kıyamet) yaklaşınca, müminin rüyası neredeyse yalan söylemez (doğru çıkar) ve onun rüyası, nübüvvetin kırk altı parçasından bir parçadır."[262]

Bu açıklamalar gösteriyor ki, üç kısma ayrılan rüyaların salih olanı, gelecekten haber verebilmektedir, yani kaderde olanlar ve ileride gerçekleşecekler rüya yoluyla insanlara bildirilebilir. Rüya yoluyla haberler bildiren; kaderleri takdir eden, zamanı gelince kazasını gerçekleştiren Allah'tır. Demek en küçük hadiseler ve ayrıntılar bile, gerçekleşmeden önce yazılmıştır, takdir edilmiştir. Şu halde olaylar bir takdire göre yaşanır, olanlar tesadüfî değildir, intizamsız ve düzensiz vücuda gelmezler. Sadık rüya ile kaderde olanlar; henüz olmadan insana tabirli veya tabirsiz bildirilebilirler.

---

[261] Umare, s. 445, nr. 763, 764.
[262] Umare, s. 446, nr. 767. (Buhari, Tabir, 45).

Rüyayı gösteren Allah'tır, bu açıdan görmediği halde *"Şöyle bir rüya gördüm"* demek, yalan ve Allah'a iftira sayılır.[263]

29. Kader ve Nebilerin Lanetledikleri

Soru: Rasulullah ve Nebiler kadere inanmayanları lanetledi mi?

Hz. Peygamber, kendisi ve nebilerle ilgili önemli bir değerlendirmesinde, onların altı grup insanı lanetlediklerini açıklar:

"Ben altı grup kimseyi lanetledim, Allah da onları lanetledi. Bütün nebiler de isteği kabul edilenlerdir (lanetleri yerini bulur. Lânetliler de şunlardır):

- Kitaba ziyade (ekleme) yapan,

- Yüce Allah'ın (ezelde takdir ettiği) kaderini yalanlayan,

- ceberutla (baskıyla) yöneten ve böylece Allah'ın zelil kıldığını aziz/büyük, büyük kıldığını zelil eden,

- Allah'ın haramlarını helal kılan,

- Allah'ın haram kıldıklarını ıtretime (akrabalarına) helal sayan

- Ve sünnetimi bırakan."[264]

Bu konuda Hz. Ayşe'den gelen benzer bir hadis-i şerif ise şöyledir:

"Ben altı (grup) kimseyi lanetledim, Allah onları lanetledi, bütün nebiler de lanetlediler:

- (O) Allah'ın kitabında ziyade eden,

- Allah'ın kaderini yalanlayan,

- baskıyla (ceberutla) Allah'ın zelil kıldığını yükseltmek, aziz kıldığını alçaltmak isteyen,

- Allah'ın haramlarını helal kılan,

---

[263] Umâre, s. 446, nr. 768, 769; Heyet, *İslâm İlmihali,* II, 161-162.

[264] Munavi, IV, 95. nr. 4660; (Tirmizi, ünen ve Hakim'in Müstedrek'inden. Hadisin sahih olduğu belirtilmiştir).

- ıtretimden (ailemden) olana Allah'ın helal kıldığını haram kılan

- ve sünnetimi terk edendir."[265]

Hz. Peygamber burada, Allah'ın, kendisinin ve tüm nebilerin lanetlemede üzerinde birleştiği kimseler hakkında önemli açıklamalarda bulunmaktadır:

1) Nebilerin lanetlediği altı grup insandan birincisi; Kutsal Kitab'a (Kur'an'a ve Peygamberlerin kutsal kitaplarına) bazı eklemeler yaparak veya yanlış tefsir ve tevillerle onu tahrif edenlerdir. Bunların yaptıkları bir tür deccaliyettir ve din tahribidir. Bunlar bu icraatlarıyla Hz. Peygamberle ve diğer peygamberlerle savaşa başlamış demektirler. Yani Hz. Peygambere ve dine en büyük düşmanlık vahiy mahsulü Kitabı tahrif, onu türlü yollardan eksiltmek, noksanlamak veya fazlalaştırmaktır.

2) Nebilerce lanetlenen ikinci grup insan; Allah'ın takdir ettiği kaderi yalanlayanlardır. Kader, Allah'ın geçmiş ve geleceği kuşatan sonsuz ilmi ile her şeyi bilmesinin sonucudur. Kaderi inkâr; onun geçmişte olmuş ve gelecekte olacak şeyleri bilmemesi anlamına gelir, böylece Allah'a cehalet isnat edilir ve onu noksanlamak gerçekleştirilmek istenir. Oysa kader Allah'ın ilmi nevindendir, onun her şeyi bilmesinden kaynaklanır ve imanın şartlarından biridir. Ancak ilm-i ezeli ile Allah'ın olacakları bilmesi ve kaderle takdiri, serbest iradesi ile kararlarını veren insandan sorumluluğu kaldırmaz. Şu gelecek ayetler de kaderin varlığına delil teşkil ederler:

"Ve gaybın anahtarı da Allah'ın yanındadır. Onları ancak Allah bilir. Ve o karadaki ve denizdekileri bilir. Ayrıca onun bilgisi dışında bir yaprak ve yerin karanlığı içindeki bir tohum düşmez, yaş ve kuru ne varsa hepsi Kitâb-ı Mübindedir (Levh-i Mahfuzda ve Allah'ın bilgisi içindedir.)"[266]

---

[265] Kaderde niza etmeme konusu. Bkz. Mansur Ali Nasif, V, 194, zühd; (Hadis-i şerifi Tirmizi, Sunen'inde ve Hakim Müstedrekin'de sahih senetle nakletmişir).

[266] *Enam*, 6/59.

Bu ayete göre Allah gaipte olan her şeyi bilmektedir. O, kara ve denizdeki canlı cansız her şeyi de bilir. Onun bilgisi her şeyi kuşatmış ve ihata etmiştir. Hiçbir şey onun her şeyi kuşatan bilgisi dışında değildir. Bu insanların yaptıklarının ve yapacaklarının da onun bilgisi içinde olduğunu gösterir. Kaderle ilgili bir ayet de şöyledir:

"De ki: 'Bize ancak Allah'ın yazdıkları isabet eder. O bizim mevlamızdır (dostumuz, rabbimiz ve bize yardım edendir.) Onun için müminler yalnız Allah'a tevekkül etsinler (ona dayansınlar.)"[267]

Demek Allah'ın yazdığı kader ve alın yazısı vardır ve bize ancak Allah'ın yazdıkları isabet etmektedir. Kaderde olmayan insanın başına gelmez. İnsanlara ancak kaderde yazılı olanlar gelir. Şu gelecek ayet de kaderin varlığına delildir:

"Yeryüzünde vuku bulan ve sizin başınıza gelen herhangi bir musibet yoktur ki, biz onu yaratmadan önce, bir kitapta yazılmış olmasın. Şüphesiz bu (size göre zor olsa da) Allah'a göre pek kolaydır. (Böylece 'kaderde varmış' deyip) elinizden çıkana üzülmeyesiniz ve bir Allah'ın verdiği nimetlere şımarmayasınız. Çünkü Allah kendini beğenip böbürlenenleri sevmez."[268]

Ayrıca kaderin varlığı konusunda pek çok hadis-i şerif de vardır ve bu konuda hadis kitaplarında müstakil bablar (konu başlıkları) açılmıştır.[269]

3) Allah'ın ve nebilerin lanetlediği bir diğer grup da baskıcılar, diktatörler, zorbalar ve cebbarlardır. Totaliter yöneticiler, baskıcı zihniyet ve rejimleri ve onları temsil edenler de lanetlenenler arasındadır. Bunlar hakları kısıtlayıp ihlal ederler ve böylece yönetilenlere zulmederler. Nebilerin onları lanetlemesi *"adaleti engellemeleri, kul haklarını ihlalleri, zalimlikleri ve baskıcı"* olmalarındandır. Onlar baskı ve zulümle, Allah'ın yükselttiklerini, yani helal ve meşruları aşağılarlar; zelil ettikleri şerleri, kötülükleri de haksız

---

[267] *Tevbe,* 9/51.

[268] *Hadid,* 51/22- 23; Ayrıca bkz. *Kamer,* 54/49.

[269] Kader konusu ile ilgili hadislere bkz. İbn-i Mâce, I, 29- 35. nr.76- 92; ayrıca bkz. İbnü Ebi'l-Iz s. 248- 249.

yere yükseltirler. Ayrıca, kendilerine hizmet edecek kötüleri, liyakat ve adalet gözetmeden önemli mevki ve konumlara getirirler. Bu da hakları çiğnemenin, baskı, dayatma ve ceberutun bir başka yansımasıdır.

4) Haramları helal, helalleri haram sayanlar veya (Mekke'deki haremi helal kılanlar) da dini tahrip etmektedirler. Deccaliyetin de önemli bir özelliği budur.[270] Helaller yasaklanır, haramlar mubah ve geçerli/yasal görülürse, Hz. Peygamberin (veya peygamberlerin) getirdiği din bozulmuş olacaktır. Bunları yapanların Allah ve peygamberler tarafından sevilmeyeceği, hükmen peygamberlerle savaş durumunda olacağı veya onlarca lanetleneceği açıktır. (Peygamber yolunda olanların da onlara takınması gereken tavır bu olmalıdır.) Çünkü bir şeyi haram kılma ve helal sayma yetkisi bizzat Allah'ındır. Başkaları dine, yeni haram ve helaller sokarsa, hem Allah'ın din koyma hakkını çiğnemiş, hem de gönderdiği dini ve onun halisliğini bozmuş olurlar.

5) Ayrıca bir nebinin mümin olan akrabalarına, ondan dolayı saygı ve sevgi duyulmalıdır. Hz. Peygamber, akrabaları ile ilgili tavsiyelerinde, hep kendini sevenlerin Ehl-i Beyt'i sevmesi gerektiğini, onların şahsında kendi hukukunun korunmasını istemiştir. Onları üzmek, işkence etmek, aşağılamak ve saymamak; her şeyden önce akrabalık açısından Hz. Peygamberi üzecektir. Hem bir nebiye açıkça düşmanlık gösteremeyen bazı insanlar, ona inananlara ve akrabalarına tavır almak ve onlara düşmanlığı yansıtmakla emellerine ulaşmak isterler. Mümine Peygamber Efendimizi üzmek yakışmaz. (Ayrıca bir açıdan bütün müminler, muttakiler ve âlimler de Ehl-i Beyt içinde yer almaktadırlar.) Bu açıdan Hz. Peygamberin akrabalarına ondan dolayı sevgi ve saygıda kusur etmemek gerekir.[271] Allah'ın haram kıldıklarını Ehl-i Beyte helal saymak doğru değildir ve onlara zulmetmektir.[272] Burada söz konusu olan durum, bütün nebiler için aynıdır.

---

[270] Seyhan, s. 179, 181, 184, 186; Arslan, *Dünya Kültürlerinde,* s. 234 vd.

[271] Sarıcık, *Ehl-i Beyt,* Birinci, İkinci ve Üçüncü Bölüme bkz.

[272] Hz. Peygamber, kızı Fatıma da suçlu olsa onun cezalandırılacağını belirtmiştir. Bkz. Kandehlevi, II, 182.

6) Ayrıca Hz. Peygamberin sünnetini; açtığı yolu ve çığırı terk etmek, bir başka yola sünnete ve çığıra girmek de; tehlikeli bir gidişattır. Ahir zamanda çıkacak büyük İslam deccalı da bunu yapacaktır. Bunlar da Allah'ın, nebilerin ve Hz. Peygamberin lânetine müstahak olmayı hak ederler.[273] Hz. Peygamber bir gün Enes b. Malik'e şöyle söylemişti:

"Yavrum, kalbinde kimseye zarar verme düşüncesi olmaksızın sabahlayıp akşamlayabiliyorsan bunu yap. Yavrum, bu benim sünnetimdendir. Ve kim benim sünnetimi ihya ederse beni sevmiş demektir, beni seven de cennette benimle birliktedir."[274]

Şu halde onu sevmek ve saymak; sünnetini ve sünnetinden olan şeyleri diriltmek ve diri tutmaktır. Onun dinini ve açtığı yolu bırakmamaktır. Bu da sünnetinde yürümek, o çığırda ve yolda devam etmekle olur. Onun çığırında ve izi sıra yürümeyi bırakan, iman ve ibadet hayatını güçsüz kılan, onun helal kıldıklarını yasaklayan, hayattan çıkaran, toplumdan İslam'ı tasfiye eden, helal yollarını daraltan ve haram yollarını genişleten, halkı haramlara yönlendiren, haramları yayıp helalleri kısıtlayan aslında Hz. Peygamber'i sevmemektedir. Onu sevmeyen de onunla birlikte değildir. Cennette de onunla komşu olamayacaktır.

7) Müslümanlara gereken; lanetlik olmamaya çalışmak, lanetlilerin yanında yer almamak ve onlarla mücadele edip kendilerine yardımcı olmamaktır. Aksine onlar karşısında yer almak, nebiler onlara nasıl tavır almışsa, lanetliklere öyle tavır almak gerekmektedir.

29. Kaderi İnkâr ve Deccal Yanlılığı

Soru: Kaderi inkâr edenler deccal ve deccaliyet taraftarı mıdırlar?

---

[273] Hz. Peygamber Müslümanları özellikle bu konuda uyarmıştır. Deccal de müslümanlar içine yabancı adetler getirecektir. Bkz. *a.g.e.,* s. 235; Mutlu, *Kıyamet Alametleri,* s. 92- 95,116, 121; Seyhan, s. 181 vd.

[274] Mansur Ali Nasif, *et- Tâc,* I, 47, İslam, 6.

Hz. Peygamber bu konuda önemli bir açıklamada bulunmuştur. Huzeyfe b. Yeman Rasulullah'tan şöyle rivayet eder:

"Rasulullah (s.a.v.) şöyle buyurdu:

'Her ümmetin Mecusileri vardır. Bu ümmetin Mecusileri de 'lâ kadera = kader yoktur' diyenlerdir.

Öyleyse onlardan kim ölürse, onun cenazesinde bulunmayınız ve onlardan kim hasta olursa ona hasta ziyareti yapmayınız. Çünkü onlar deccal şiası/yanlılarıdır. Ayrıca onları deccala ilhak etmek Allah üzerine bir haktır.'"[275]

1) Hz. Huzeyfe Rasulullah'ın bazı gizli sırlarını tevdi ettiği bir sahabedir.[276] Rasulullah (s.a.v.) Medine döneminde bu açıklamada bulunmuştur.

2) Bu ümmetin Mecusileri Hz. Peygambere göre, zihniyet ve inanışta bir bakıma Mecusilere benzeyenlerdir. Mecusilerin temel özelliği, bir hayır/iyilik ve bir de kötülük tanrısına inanmalarıdır. Onlara göre, iyilikleri *"İyilik Tanrısı"*, kötülükleri de *"Kötülük Tanrısı"* yaratır.

İslâm imanına göre yaratıcı tektir ve hayır şer, her şeyi o yaratır. Kulların hayır ve şer olarak işledikleri her fiili/eylemi yaratan da odur. Fakat halk-ı şer, şer değildir, kesb-i şer şerdir. Yani kul kâsib, Allah Haliktır. Biz sağımıza bakmayı isteriz, Allah gözümüzü oraya çevirir, solumuza bakmayı isteriz, gözümüzü sola döndürür. İyiliği ve kötülüğü isteyen, (kâsib olan) insan olduğu için, iyiliklerimize mükâfat, kötülüklerimize mücazat vardır.

Yüce Allah muhit ilmiyle, geçmişte, halde ve gelecekte olacak her şeyi bilir ve bunu önceden levh-i mahfuzda yazıp tespit etmiştir. Yazılanlar kaderdir, kaderde olanların varlık âlemine çıkışı da *"kaza"* diye adlandırılır. Şu kadar var ki, o yazdığı için biz yapmıyoruz; o yapacaklarımızı bildiği için onları Levh-i Mahfuzda yazmıştır. Bu açıdan *"Allah yazdığı için ben yapıyorum, buna mecburum"* düşüncesi yanlıştır.[277]

---

[275] Canan, XIII, 389 hn, 4846; (Ebu Davud, Sünnet, 17, nr. 4692).

[276] Sarıcık, *Dört Halife,* I, 409-412.

[277] Yavuz, "Kader", *DİA,* XXIV, 58- 63.

O bizim ne yapacağımızı bildiği için yazmıştır ve biz hür iramizi kullanarak istediğimizi yaparız. Güneşin hangi gün ve saatte tutulacağı daha önceden astronomi bilginlerince tespit edilir. Doğru tespit yapılmışsa, güneş zamanı ve günü gelince tutulur. Ama o, biz o gün ve saati tutulma zamanı tespit ettiğimiz için o günde tutulmadı. Onun o gün ve o saatte tutulacağını bildiğimiz için o tespiti yaptık. Fakat güneş önceden neyi tespit ettiğimizi bilmiyordu ve –onu iradeli farz edersek- burada güneşi zorlama, iradesini bloke etme söz konusu değildir.

3) İslâm mezhepleri içinde şerrin halkını Allah'a vermeyen, *"şerri/kötülüğü yaratmak şerdir"* gibi düşünüp kulun şerleri yarattığı iddiasında bulunanlar; iki ilâhlı Mecusilere benzetilmiştir. Çünkü bu durumda Allah'tan başkasına, yani kula yaratıcılık verilmektedir. Böylece *"lâ kadera = kader yoktur, insan kaderini kendi yaratır"* denilmiş olunmaktadır. Bu takdirde iki yaratıcı söz konusu olduğundan, bu zihniyet Mecusilere benzer. Çünkü onlar da şerlerin karanlıktan geldiğini iddia etmektedirler.

4) Bu hadise, zayıf, münkatı ve mevzu diyenler olmuşsa da, bunu destekleyen başka hadisler de vardır[278] ve bunlar onu kuvvetlendirir. İbn-i Ömer henüz hayattayken ona Şam'da oturan birisinden selam getirilmişti. İbn-i Ömer bunun üzerine selamı getirene şunları söylemişti:

"Bana ulaştı ki, o adam kaderi inkâr ediyormuş. Eğer o bunu söylemişse, benden ona selam söyleme. Çünkü ben Rasulullah'ı (s.a.v.) şöyle derken duydum:

'Bu ümmette hasf (yere batırma) ve mesh (suret veya sireti değiştirme) olacaktır. Bu da kaderi yalan sayanlar hakkında olacaktır.'"[279]

5) Diğer yandan *"lâ kadera = hiçbir kader yoktur"* demek Allah'ın her şeyi kuşatan ilmini inkâr demektir. Buna göre Allah geçmişi ve geleceği bilememektedir. Bu Allah'ın ilim sıfatını, *"Âlim"*,

---

278 Canan, XIII, 390- 392.

279 *A.g.e.*, XIII, 393; (Ebu Davud, Sünnet, 7, nr. 4613; Tirmizi, Kader, 7, nr. 2153- 2154).

"Habir", "Semi" ve "Basir" gibi isimlerini inkâr anlamına gelir. Kaderi inkâr bu yönden tehlikelidir. Onlar böylece imanın şartlarından birini inkâr etmiş olurlar. En azından bu tür insanlar ehl-i bidattir. Bunlarda İslâm imanının Allah inancı eksik ve kusurludur. Âlim, Habir, Basir ve Semi olmayan, yaptıklarımızı bilmiyorsa bizi nasıl hesaba çekecek, iyiliklerimize nasıl mükâfat, kötülüklerimize nasıl ceza verecektir? Sonuçta bu durum, insanı cennet ve cehennemi inkâra da götürebilir.

6) "Hiçbir kader yoktur", veya *"kötülükleri insan kendisi yaratır"* diye düşünenler; bir yandan Allah'ı gerektiği gibi bilmemekte, ona noksanlık ve kusur izafe etmekte, diğer yandan bir başka yaratıcıyı var sayarak şirke adım atmaktadırlar. Bu açıdan onların bir gerçeksizlik ve yalan üzerinde oldukları su götürmez.

7) Deccaliyet de zihniyetiyle bir tür *"kizb"* ve *"decl"* üzerine bina edilmiş olduğundan, dine bidatler karıştırır ve onu böylece tahrip eder. O iman esaslarına saldırır, gerçek imanı manevi körlüğü ile görmez ve göstermez. Öyleyse kaderi tümden inkâr edenler ve kader inancını bozanlar da onun yaptığını yapmaktadırlar.

Bu açıdan onlar *"şî'atu'd-deccal = Deccal Yanlıları"* olarak adlandırılırlar. Allah onları bu yüzden deccaliyete ilhak edecektir. "*Onları deccala ilhak etmek Allah üzerine bir haktır.*" Kaderi inkâr aynı zamanda Allah'a iftira anlamına da gelir.

Sonuç

Kadere iman, iman esaslarından biridir. Diğer yandan İnsan cüz-i ihtiyarî denilen hür iradesiyle istediğini yapar. Her şeyi bilen Yüce Allah, İlm-i Ezelîsiyle olmuşları olacakları bir tür kader defteri olan Levh-i Mahfuz'da yazmıştır. İlim maluma tabi olduğundan (bilgi bilinene uyduğundan), insan iradesi ile kaderin çatışması yoktur. Yani biz nasıl yapacaksak Allah öyle bilir ve öyle takdir etmiştir. Bir başka deyişle kader, (takdir-i İlahî), iradeyi engellemez ve zorlamaz.

Allah yanılmaz; ilmiyle neleri yapacağımızı, hangi yolu seçeceğimizi bilir ve bazı hikmetlerden dolayı da bizi dünyada imtihana çeker ve dener. Şurası var ki, o insanları yalnız yaptıklarına karşılık cezalandıracak veya ödüllendirecektir. Bunu kendisi ayetlerde açıklar. Bizim hür irademiz vardır, diğer yandan Cenab-ı Hak da *'fa'âlün limâ yürîd'*dir.

İnsanlar maziye geçmiş olaylar ve musibetlerde kaderle kendilerini teselli edebilirler, *"kaderimde varmış ki başıma geldi"* diyebilirler. Ama bu yaklaşım gelecek için söz konusu olmamalıdır. Yoksa bu durum insanları tembelliğe ve yanlış bir tevekkül anlayışına iter.

Kalplerin mühürlenmesi konusunda ayetlerde önemli açıklamalar vardır. Kalplerin mühürlenmesi kişilerin yaptıkları yüzündendir ve sebepsiz değildir. Kazanılan kötülükler ve günahlar kalbin mühürlenmesine sebep olmaktadır.

İrade dışı cereyan eden ıztırari kaderde insanın sorumluluğu yoktur. Bir kimsenin şu zamanda, şu yerde, şu ırktan, şu ana-babanın çocuğu olarak doğması, boyu, posu cinsiyeti, nerede ve ne zaman öleceği gibi hususlar bu tür kader içinde yer alır.

Kader değişmez, ama sadaka ömrü uzatır ve belayı def eder. Bu konunun açıklaması da kitaplarda yer alır. Hidayet verme konusunda da Allah'ın iradesiyle kulun iradesi çatışmaz ve insanlar kaderle engellenmez. Her durumda kul kâsip, Allah hâliktır. Kul hidayeti ister, Allah da hidayet nurunu onda yaratır.

İntihar edenler ve öldürülenler ecelleriyle ölürler. Ecel birdir ve değişmez. İnsanın ne zaman, nerede ve hangi mekânda öleceğini Allah'tan başkası bilemez. Şu kadar var ki, ecel konusunda bazı tahminler yapılabilir ve kanaatler serd edilebilir. Hayırları Allah yarattığı gibi, şerleri/kötülükleri de o yaratır. Çünkü Allah'tan başka yaratıcı yoktur. Fakat halk-ı şer şer değildir, kesb-i şer şerdir. Bir başka ifadeyle suç Halik'ta değil kâsiptedir.

Kader bir okyanusa benzer, iradeyle yönlendirilen vücut gemisi asla bu okyanus dışına çıkamaz. Kaderden kaçış mümkün değildir, kaderden ancak kadere kaçılabilir. Hz. Ömer'in bu konuda yaptığı açıklama manidardır.

İstek ve irade dışı olarak zihinden geçen kötü duygu ve düşüncelerden dolayı sorumluluk yoktur. Küfrü düşünmek, tasavvur ve tefekkür etmek de küfür değildir. Çünkü *"tasavvur"* ve *"tasdik"* aynı şey değildir. Kaderle iradenin birkaç yönden tevfiki mümkündür.

"Tercih bilâ müreccih" caizdir, *"tereccüh bilâ müreccih"* caiz değildir ve muhaldir. İşlenen kötülük ve günahlarda suçu kadere veya şeytana yüklemek doğru değildir. Şeytanlar onlarla mücahede için yaratılmışlardır. İyi anlaşılmadığını sebep göstererek kaderi inkâr etmek de doğru değildir. Her anlayamadığımızı inkâr etmek veya kabul etmemek yerinde midir?

Olumsuzluklarda, musibetlerde Allah'tan şikâyete hakkımız yoktur. Çünkü şikâyet haksızlığa uğrama durumunda yapılır. Allah zalim değildir ve kullarına haksızlıkta bulunmaz. Ayrıca o ne verdiyse lütfundandır ve ondan bir alacağımız yoktur.

Yukarıda da belirttiğimiz gibi, kader vardır ve her şey takdir-i İlahî iledir. Hz. Peygamber (a.s.m.) de bunu zaman zaman açıklamıştır. Hz. Peygamber'in açıkladığı üzere insan *"Cennetlikler ve Cehennemlikler belliyse niye iyilik işlemeye gayret ediyoruz?"* diye ameli bırakmamalıdır. Rasulullah'ın açıklamalarına göre de kader değişmez. Ayrıca ona göre kimse kalbi mühürlenmiş olarak doğmaz ve her çocuk İslam fıtratı üzere doğar. Hz. Peygamber kadere iman etmeyenin mümin olamayacağını da açıklamıştır.

Rasulullah (s.a.v.) bir keresinde kader konusunun tartışılmasını hoş karşılamamış ve *"bunun için mi yaratıldınız?"* diyerek tartışanları uyarmıştır. Onunun uyarısı, özellikle tartışmanın doğurabileceği olumsuz sonuçlar açısından manidardır.

Yanlış tevekkül anlayışı yüzünden Yemenli hacılar ayetle uyarılmışlardır. Kader konusunu ilgilendirmesi açısından şunu da ifade etmek gerekir: Rasulullah'ın da belirttiği gibi, mazideki olaylarda ve musibetlerde kadere rıza gösterilmeli, ayrıca dehre sövülmemelidir.

Sadık rüyalarda Allah, kaderde var olan ve gelecekte olacak bazı şeyleri insanlara gösterebilir. Bu açıdan sadık rüyalar da kaderin varlığına birer delildir.

İndeks

Kaynaklar

ARSLAN, Arif, *Dünya Kültürlerinde Kıyamet,* Merkür Yayınları, İstanbul 2003.

AYDIN, Ali Arslan, *İslâm İnançları ve Felsefesi,* Çağrı Yayınları, İstanbul 1980.

BEKİ, Niyazi, *Zafer Dergisi,* Haziran 2008, sayı, 378, s. 52-53.

BİLMEN, Ömer Nasuhi, *Mülahhas İlm-i Tevhid,* Ahmed Said Matbaası, İstanbul 1962.

BİLMEN, Ömer Nasuhi *İslâm İlmihali,* Ravza Yayınları, İstanbul 2004.

CANAN, İbrahim, *Kütüb-i Sitte,* I-XVIII, Akçağ Yayınları, İstanbul ty.

ÇETİNER, Bedreddin, *Fatiha'dan Nâs'a Esbâb-ı Nüzul,* I-III, Çağrı Yayınları, İstanbul 2006.

DAĞISTÂNİ, Ömer Ziyaeddin, *Cevâhiru'l-Buhari,* Salah Bilici Kitabevi, İstanbul 1977.

DİYARBEKRİ, Hüseyin b. Muhammed, *Tarihu'l-Hamîs,* I-II, Dâru's-Sadr, Kahire 1283.

FEYRUZABÂDİ, el *Kâmusu'l-Muhit,* Müessesetü'r-Risale, Beyrut 1996.

GAZALİ, *İhyâu Ulûmiddin,* I-IV, terc., Ahmed Serdaroğlu, Bedir Yayınevi, İstanbul 1974.

GELENBEVİ, İsmail, *Haşiye 'ale'l-Celâl, mine'l-Akâid,* Eser Kitabevi, İstanbul 1976.

GEYLÂNİ, Abdulkadir, *Gunyetu't-Tâlibîn,* Berekât Yayınevi, Terc., A. Fârûk Meylânî, İstanbul 1979.

GÖLCÜK, Şerafeddin, *İslâm Akâidi,* Esra Yayınları, Konya 1992.

GÖLCÜK, Şerafeddin, *Kelam Açısından İnsan ve Fiilleri,* Kayıhan Yayınları, İstanbul 1979.

HEYET, *İlmihal,* I-II, Diyanet İşleri Başkanlığı Yayınları, Ankara 2006.

HEYET, *Mecma'u't- Tefâsîr,* I-VI, İstanbul 1317.

İBN-İ HİŞAM, Abdulmelik b. Hişam, *Siretü'n-Nebi,* I-IV, Dâru'l-Fikr, Beyrut 1981.

İBN-İ KEMAL, *er-Risale fî Beyâni'l-Kazâ ve'l-Kader,* Süleymaniye Kütb., Düğümlü Baba, nr. 333/1.

İBN-İ MACE, Muhammed b. Yezid, *Sünenu ibn-i Mâce,* I-II, el-Mektebetü'l-İslamiyye, İstanbul ty.

İBNU EBİ'L-IZZ, *Şerhu'l-Akideti't-Tahaviye,* el-Mektebetü'l-İslami, Beyrut 1988.

İBNU'L-MURTAZA, Ahmed b. Yahya, *Tabakâtu'l-Mu'tezile,* Susanna Dıwald Wilzer neşr., Beyrut 1961.

İRFAN ABDULHAMİD, *İslam'da İtikadî mezhepler ve Akâid Esasları,* terc., Saim Yeprem, Marifet Yayınları, İstanbul 1994.

KÂDİ, Abdulfettah, *Esbâb-ı Nüzûl,* terc., Salih Akdemir, Fecr Yayınevi, Ankara 1996.

KANDEHLEVİ, *Hayâtü's- Sahâbe,* I- IV, terc., Ahmed Meylani, İslami Neşriyat, Konya 1983.

KESTELLİ, *Hâşiyetü'l-Kestelli 'alâ Şerhi'l-Akâid,* Eser Kitabevi, İstanbul 1976.

KOÇAR, Musa, *Mâturidî'de Allah-Âlem İlişkisi,* Ötüken Yayınları, İstanbul 2004.

KÖKSAL, Asım, *Hz. Muhammed ve İslamiyet,* I- XII, Şamil Yayınevi, İstanbul 1981.

MANSUR ALİ NASİF, *Tac Tercümesi,* terc., Bekir Sadak, Eser Neşriyat, İstanbul 1980.

MANSUR ALİ NASİF, *et- Tâcu'l- Câmi'u li'l- Usûl,* I- V, Mektebetü Pamuk, İstanbul 1961.

MEHMED VEHBİ, *Akâid-i Hayriye tercümesi,* Ahmed Kâmil Matbaası, İstanbul 1340-1343.

MUHAMMED FUAD ABDULBAKİ, *el-Mu'cemu'l-Müfehres,* I-II, el-Mektebetü'l- İslamiyye, İstanbul 1982.

MUHAMMED HAMİDULLAH, *İslam Peygamberi,* I-II, terc., Salih Tuğ, İrfan Yayınevi, İstanbul 1980.

MUNAVİ, Abdurrauf, *Fevzu'l-Kadir,* I-VI, Beyrut ty.

MUSTAFA SABRİ EFENDİ, *İnsan ve Kader,* terc., İsa Doğan, Kültür Basın Yayın Birliği, İstanbul 1989.

MUTLU, İsmail-DÖĞEN, Şaban, *Sahabiler Ansiklopedisi,* I-II, Yeni Asya Neşriyat, İstanbul 1993.

MUTLU, İsmail, *Kader Nedir,* Gaye Matbaacılık, Ankara 1984.

NESEFİ, *Metnu Hakaiki'l-Akâid,* Ahmed Kâmil Matbaası, İstanbul 1323

NEVEVİ, Yahya b. Şeref, *Riyâzu's-Sâlihin,* terc., Mehmed Emre, bedir Yayınevi İstanbul 1974.

NUREDDİN ES-SÂBÛNİ, *Maturidiyye Akâidi,* terc., Bekir Topaloğlu, Diyanet İşleri Başkanlığı Yayınları, İstanbul 1978.

NURSİ, Bediüzzaman Said, *Lem'alar,* Sözler Yayınevi, İstanbul 2005.

NURSİ, Bediüzzaman Said, *Sözler,* Sözler Yayınevi, İstanbul 2005.

RAĞIB EL- ISFAHANİ, Hüseyin b. Muhammed, *el- Müfredât,* Kitâbu'l-Cumhuriye, Mısır ty.

RAMAZAN EFENDİ, *Haşiyetü Şerhi'l-Akâid,* Ahmed Kâmil Matbaası, İstanbul 1323

RAZİ, Muhammed b. Ömer, *el-Metâlibu'l-Âliye,* I-IX Beyrut 1987.

SABUNİ, Muhammed Ali, *Saffetü't-Tefâsîr,* I-III, Dâru'l- Kalem, Beyrut 1986.

SARICIK, Murat, *Hz. Muhammed'in Çağrısı- Mekke Dönemi,* Nesil yayınları, İstanbul 2006.

SARICIK, Murat, *Dört Halife Dönemi,* I-II, Nesil Yayınları, İstanbul 2002.

SARICIK, Murat, *İnanç ve Zihniyet Olarak Cahiliye,* Nesil yayınları, İstanbul 2004.

SARICIK, Murat, *Ehl-i Beyt,* Nesil Yayınları, İstanbul 1997.

SARICIK, Murat, *Hz. Muhammed'in çağrısı- Medine Dönemi,* Nesil Yayınları, İstanbul2009.

SEYHAN, Ahmet, *Hadislerde Kıyamet Alâmetleri,* Tuğra Ofset, Isparta 2006.

TAFTAZANİ, Mesud b. Ömer, *Şerhu'l-Makâsıd,* I-V, Âlemü'l-Kütüb, Beyrut 1989.

TAFTAZANİ, Mesud b. Ömer, *Şerhu'l-Akâid,* haz., Süleymen Uludağ, Dergâh Yayınları, İstanbul 1980.

UMARE, Mustafa Muhammed, *Cevâhiru'l-Buhari,* terc., Hasan Alioğlu, Erkam Yayınları, İstanbul 1988.

VAHİDİ, Ali b. Ahmed, *Esbâbu Nüzûli'l-Kurân,* Dâru'l-Kütübi'l-İlmiyye, Beyrut 1991.

WATT, Montgomery, *İslam Düşüncesinin Teşekkül Devri,* Umran Yayınevi, çev., E. Ruhi Fığlalı, Ankara 1981.

YAVUZ, Yusuf Şevki, "Kader", *DİA,* XXIV, İstanbul 2001, s.58-63.

YAZIR, Hamdi, Hak Dini Kur'an Dili, I-IX, Eser Neşriyat, İstanbul 1979.

YEĞİN, Abdullah *Yeni Lügat,* Hizmet Vakfı Yayınları, İstanbul 1992.

ZEBİDİ, Ahmed b. Abdullatif, *Tecrid-i Sarih tercümesi, I-*XIV, tercüme ve şerh, Kâmil Miras, Diyanet İşleri Başkanlığı Yayınları, Ankara 1985-1986.